LU PETERSEN

militância, favela e urbanismo

protagonistas » **urbanos**

LU PETERSEN

militância, favela e urbanismo

DEPOIMENTOS AO CPDOC
Américo Freire
Bianca Freire-Medeiros
Mariana Cavalcanti
(Orgs.)

ISBN — 978-85-225-0747-4

Copyright © 2009 Lu Petersen

Direitos desta edição reservados à EDITORA FGV
Rua Jornalista Orlando Dantas, 37
22231-010 | Rio de Janeiro, RJ | Brasil
Tels.: 0800-021-7777 | 21-3799-4427
Fax: 21-3799-4430
E-mail: editora@fgv.br | pedidoseditora@fgv.br
www.fgv.br/editora

Impresso no Brasil | *Printed in Brazil*

Todos os direitos reservados. A reprodução não autorizada desta publicação, no todo ou em parte, constitui violação do copyright (Lei nº 9.610/98).

Os conceitos emitidos neste livro são de inteira responsabilidade do autor.

Este livro foi editado segundo as normas do Acordo Ortográfico da Língua Portuguesa, aprovado pelo Decreto Legislativo nº 54, de 18 de abril de 1995, e promulgado pelo Decreto nº 6.583, de 29 de setembro de 2008.

1ª edição — 2009

PREPARAÇÃO DE ORIGINAIS: Sandra Frank
REVISÃO: Catalina Arica e Carlos Eduardo de Abreu e Lima
CAPA E DIAGRAMAÇÃO: Isabel Lippi

IMAGEM DA CAPA: planta indicativa do projeto de esgotamento sanitário do morro do Piancó elaborada pelo arquiteto Dietmar Starke, 1989 (Arquivos SMDS).

Ficha catalográfica elaborada pela
Biblioteca Mario Henrique Simonsen/FGV

> Lu Petersen: militância, favela e urbanismo / Américo Freire, Bianca Freire-Medeiros, Mariana Cavalcanti (Orgs.). – Rio de Janeiro: Editora FGV, 2009.
> 132 p.: il. – (Protagonistas urbanos)
>
> ISBN: 978-85-225-0747-4
>
> 1. Petersen, Lu. 2. Favelas – Urbanização – Rio de Janeiro (RJ). 3. Planejamento urbano – Rio de Janeiro (RJ). 4. Urbanização – Rio de Janeiro (RJ). I. Freire, Américo. II. Freire-Medeiros, Bianca. III. Cavalcanti, Mariana. IV. Fundação Getulio Vargas. V. Série.

CDD – 301.363

SUMÁRIO

7 INTRODUÇÃO
Uma ideia fixa: favela

11 CAPÍTULO 1
Uma garota de Ipanema

35 CAPÍTULO 2
Exílios

53 CAPÍTULO 3
Mutirão

75 CAPÍTULO 4
Favela-Bairro

93 CAPÍTULO 5
Célula Urbana

113 CAPÍTULO 6
O Museu a Céu Aberto

INTRODUÇÃO

Uma ideia fixa: favela

"Uma loira que fala a linguagem da favela". É assim que Nilza Rosa dos Santos, liderança comunitária do morro da Formiga, a descreve. Para o jornalista Xico Vargas, ela é uma das poucas pessoas da administração pública realmente capacitada a falar de favela. Já o prefeito Cesar Maia diz que não há "ninguém melhor do que ela" para contar a história das intervenções urbanísticas em áreas de pobreza. Nos últimos anos, em nossas pesquisas, cansamos de ouvir frases como essas. Seja no trabalho de campo junto a lideranças comunitárias, seja em entrevistas em gabinetes públicos, ou em conversas com agentes privados, o refrão se repetia: "Vai lá, trata de ouvir a Lu".

Aceita a recomendação geral, demos início, em fins de 2006, a uma série de entrevistas com Lu Pertersen que agora disponibilizamos em livro. Carioca, criada no clima de Ipanema das décadas de 1950 e 1960, quando conheceu e conviveu com alguns dos mentores da bossa nova e da Banda de Ipanema, Lu mergulhou fundo na luta contra o regime militar brasileiro, como muitos de sua geração. Depois de presa durante o célebre Congresso da UNE em Ibiúna, prisão essa que lhe valeu um processo, Lu, já com um diploma de arquitetura na mão, seguiu o caminho do exílio, deslocando-se, em um primeiro momento, para o Chile socialista de Salvador Allende. Em 1973, em meio à diáspora que se seguiu ao golpe militar de Augusto Pinochet, tomou o rumo da Europa, fixando-se na Suíça até o seu retorno ao Brasil, em 1979, quando da aprovação da Lei da Anistia.

No começo dos anos 1980, Lu passou a integrar o corpo técnico da prefeitura do Rio de Janeiro, colocando-se na linha de frente de importantes projetos que estabeleceram as bases para uma nova política governamental voltada para as favelas cariocas, bastando-se citar, entre outros o projeto Mutirão e o Favela-Bairro. Mais recentemente, tem desenvolvido esforços no sentido de consolidar o Museu a Céu Aberto do morro da Providência, além de coordenar a implantação do projeto Célula Urbana, cujo objetivo consiste em estimular e multiplicar iniciativas autossustentáveis nas favelas cariocas. Para acompanhar a trajetória de Lu Petersen, optamos por dividir o seu depoimento em seis capítulos, apresentados em ordem cronológica. No primeiro, a entrevistada nos põe a par de dados sobre as suas origens familiares, e sobre a juventude curtida com a vanguarda da Zona Sul e com os vizinhos da extinta favela da praia do Pinto. Em seguida, narra seus tempos de estudante universitária na faculdade de arquitetura e o seu envolvimento com facções políticas de esquerda que atuavam no interior do movimento estudantil. Ainda como estudante, Lu teve contato com os seminais projetos de inovação urbana na favela de Brás de Pina levada a efeito por Carlos Nelson Ferreira dos Santos e demais arquitetos do Quadra.

O exílio é o tema do segundo capítulo. Nele, Lu produz um relato pungente dos problemas que ela e os seus companheiros enfrentaram no Chile depois da derrubada do governo Allende. Em seguida, passa a narrar em detalhes suas experiências no "segundo exílio" suíço, quando se dividiu entre a participação nos comitês em defesa das liberdades democráticas no Brasil e na América Latina, e o trabalho regular como arquiteta e urbanista na prefeitura de Lausanne. Em seu relato, Lu chama a atenção para o significado desta experiência profissional para os trabalhos que, mais tarde, passou a desenvolver no Brasil, particularmente quanto à formulação e implementação de projetos de urbanismo no plano micro.

Nos capítulos três e quatro, a personagem principal é a "ideia fixa" de Lu: a favela. Neles, ela conduz o leitor pelos tortuosos caminhos através dos quais a metodologia criada no âmbito do projeto Mutirão vai se metamorfoseando até ser reconhecida e premiada internacionalmente sob a égide do programa Favela-Bairro. Como tudo na vida de Lu, é uma trajetória traçada em larga medida por uma militância ferrenha, atravessada pelo acaso e por afetos. "A festa é comigo mesmo!", diz ela, estimulada com a abertura de um novo mundo, tão diferente daquele urbanismo no qual fora treinada na Suíça, ao aceitar a coordenadoria de obras de um projeto marginal da recém-criada Secretaria Municipal de Desenvolvimento Social. Contra o assistencialismo e o clientelismo que historicamente dominaram as intervenções do poder público nas favelas cariocas, o projeto Mutirão consolida intervenções urbanísticas baseadas em "saberes locais", executadas em parceria com o poder público.

Da entrada "na marra" e da prática muitas vezes improvisada na viabilização de obras em favelas em escalas nunca antes realizadas, Lu vai construindo uma visão mais estratégica de seus projetos, e o trabalho de urbanização em um sentido estrito vai incorporando — pioneiramente, mais uma vez — propostas dos campos da ecologia, da saúde pública e de geração de renda. Sua narrativa das dificuldades, resistências e obstáculos desnaturaliza e nos força a pensar sobre a própria rapidez com que as políticas de remoção deram lugar a programas de urbanização de favelas em menos de duas décadas, tanto no discurso quanto na prática política do Rio de Janeiro — e, agora, com o lançamento das obras do Programa de Aceleração do Crescimento do governo federal, do Brasil.

Nos dois últimos capítulos, ouvimos Lu falar com entusiasmo do projeto experimental Célula Urbana. Ela nos conta como o "flerte" com os arquitetos e urbanistas da Bauhaus acabou levando a um projeto inovador na favela do Jacarezinho. "Alemão" sendo bem-recebido na favela, galpão transformado em hotel *pros* gringos, origames convocando para assembleias comunitárias, entrevistas com moradores projetadas num balão — é com fragmentos assim, entre o mágico e o onírico, que Lu reconta esses e tantos outros contágios da Célula Urbana no Jacarezinho.

O tom pesa quando passamos à outra experiência da Célula Urbana — a do polêmico Museu a Céu Aberto do morro da Providência. Não que Lu seja pouco afeita a polêmicas, muito pelo contrário. Mas o fato é que, ao longo do período em que gravamos estas nossas conversas, os investimentos feitos no projeto do museu vivo foram se revelando insuficientes. Um daqueles dramas que os sociólogos menos otimistas costumam chamar de "debilidade da agência diante da rigidez das estruturas". O que os sociólogos talvez não saibam é que Lu está acostumada, faz tempo, a estruturas rígidas e caras feias. E nem por isso ela desanima. Pelo contrário, parece extrair de tais situações a vitalidade e a criatividade que marcam sua trajetória pessoal, em vários campos de atuação.

O depoimento de Lu Petersen abre a coleção Protagonistas Urbanos, cujo objetivo é o de divulgar entrevistas com figuras-chave nos debates e no desenvolvimento de ações e políticas em torno da cidade contemporânea. Este volume é fruto do trabalho de pesquisadores vinculados ao Laboratório de Estudos Urbanos (LEU) do Centro de Pesquisa e Documentação de História Contemporânea (Cpdoc) da Fundação Getulio Vargas (FGV) e dá continuidade à linha de publicações levadas a efeito pelo projeto Memórias do Urbanismo Carioca, coordenado no Cpdoc/FGV pelos pesquisadores Américo Freire e Lúcia Lippi Oliveira.

Nos últimos três anos, acumulamos dívidas com diversas pessoas que contribuíram para a realização deste projeto. Palloma Menezes, Fernanda Nunes e Rafael Aleixo auxiliaram na pesquisa e na formatação do manuscrito. Marcella Carvalho de Araújo Silva concluiu, com brilho, a pesquisa e redação das notas, além de ajudar na última revisão e na formatação do texto. Nilza Rosa dos Santos nos concedeu uma belíssima entrevista que, infelizmente, não pudemos incluir nesta versão do livro, mas que constituiu um subsídio valioso para outras conversas, perguntas e revisões do texto. Finalmente, nossa mais profunda gratidão à própria Lu. Não só por ter aceito compartilhar sua trajetória conosco, mas sobretudo pela generosidade, o bom humor e a paciência com a qual o fez. Esperamos que a publicação deste pequeno livro sobre essa grande figura contribua para a materialização da cidade democrática e inclusiva pela qual Lu trabalhou e continua trabalhando, com alegria e determinação.

Uma garota de Ipanema

*"Apesar da aparência de gringa,
eu sou uma mistura tipicamente brasileira"*

Vamos começar com a sua formação. Você nasceu no Rio de Janeiro?

Meu pai, Silas de Cerqueira Leite, era comandante da base aérea e responsável pelo Correio Aéreo Nacional (CAN), e eu nasci em Campo Grande, Mato Grosso do Sul; mas, em 40 dias, viemos para cá. Ele veio pilotando o avião da Força Aérea Brasileira que nos trouxe ao Rio. Com um ano e pouquinho, depois que meu pai morreu, fui morar no Leblon. Na rua Cupertino Durão, que era uma das saídas da favela da praia do Pinto. E as mulheres, predominantemente negras, trabalhavam nas casas de famílias do bairro. Eram lavadeiras, babás, empregadas domésticas. O Leblon se caracterizava por muitos terrenos baldios, casas e uns poucos prédios baixos. Eu morava numa casa perto da praia. E nós gostávamos muito de subir o morro Dois Irmãos.

Você e seus irmãos?

Eu tenho uma irmã que se chama Anna Maria Wendel. Nós duas subíamos junto com a nossa turminha. Nessa época já existia o embrião da favela do Vidigal, com casebres de madeira, onde todos eram negros. Não existia o bairro ali no morro. Então, é aí que começa uma convivência muito de perto com essa história de favela. E posteriormente com os efeitos das remoções, quando a praia do Pinto é removida, lá pelos anos 60, aquelas lavadeiras começaram a ter problemas sérios para pagar a condução para o Leblon, trazer o pacote de roupa... E vinha tudo amassado. Então começou a volta de famílias, da Cidade de Deus e de outras áreas periféricas, para morar no Pavão e Cantagalo principalmente.

VOCÊ TRANSITAVA PELA PRAIA DO PINTO? QUEM CONTROLAVA A PRAIA DO PINTO?

Como eu disse, eu entrava na favela com minha irmã e uma amiga, e nunca houve qualquer problema. Ninguém controlava, mas era a área principal de repressão da delegacia de polícia. Ladrão roubava pela terceira vez, o delegado acabava com a raça do ladrão. O interessante é que existia a guarda conhecida como "Cosme e Damião", que além de apoiar a classe média, cuidava das pessoas da favela e levava para o hospital Miguel Couto. Eles viviam a nossa realidade e a da favela. Do Leme ao Leblon, se desenvolveram alguns aspectos culturais, de uma classe média diferente dos moradores da Tijuca, por exemplo. Quem morava na praia era considerado muito liberal. Moças sérias não moravam em Copacabana [risos]. Estou falando dos anos 40. Era uma vida mais livre e mais esportiva. As praias eram espaços de lazer e esporte, de jogar vôlei, de pegar onda, de peteca e futebol de areia. Quando chovia, a turminha ia para a minha casa. Tinha arrasta-pé — toda sexta e sábado —, pipoca e suco de fruta em pó. O pessoal da favela só ia à praia a partir das quatro da tarde. E eles se enrolavam na areia, ficavam iguais a peixe antes de fritar, porque achavam que a areia protegia do sol. Então tinha aquele monte de negros... A carapinha cheia de areia... Eu chamo de negro sem preconceito, não chamo de preto. É claro que existia também uma divisão *espontânea* de horários, os adultos saíam depois de meio-dia, o que não valia para nós, crianças e jovens. Ou seja, existiam preconceitos *na encolha* sim.

EM QUE ESCOLA VOCÊ ESTUDOU?

Estudei no Ginásio Mello e Souza de Ipanema, feminino, na praça General Osório. Uma escola laica, apesar da diretora linha dura. Eram judeus, filhos de pais separados, de intelectuais simpatizantes ou militantes de esquerda. Minha irmã e eu não éramos batizadas, não tínhamos formação religiosa alguma.

FALE-NOS UM POUCO SOBRE AS SUA ORIGENS FAMILIARES.

A minha mãe, Ingeborg Wendel, tinha uma origem interessante. O pai era dinamarquês, que veio morar no Brasil em 1889. Tinha sete filhos com uma dinamarquesa que veio com ele. Ficou viúvo, conheceu a minha avó e tiveram uma filha e três filhos. A minha avó era filha de uma índia mestiça do Paraná que tinha olhos verdes, filha de um imigrante italiano. O meio-irmão da minha bisavó era índio puro. Ela foi sequestrada por um bandoleiro do Paraná e conseguiu fugir e voltar lá para a cidade, grávida de oito meses da minha avó. A minha avó foi criada por um pastor protestante alemão. E depois ela virou presbiteriana.

A minha mãe nasceu em São Paulo e depois foi morar em Santos. Era bem morena, de cabelo liso e com traços europeus. Bonita. Era obrigada a ir à igreja nos fins de semana e cantava no coral. Quando chegou aos 15 anos, ela perguntou para o pastor sobre a existência de Deus, e ele respondeu com uma repreensão. Dali em diante, a religião passou a ser questionada e criou um grande problema com a mãe dela.

O meu avô, Guilherme Wendel, era diácono da igreja para agradar a "indiazona", que era meio linha dura... Porque no fundo, no fundo... ele era ateu [risos]. Era um cientista, engenheiro, e astrônomo nas horas

Nos tempos do Colégio Mello e Souza, Lu (à esquerda), sua mãe Ingeborg (centro) e a irmã Anna

vagas; materialista que tinha estudado na Politécnica de Munique. No Brasil, ele passava meses no meio do mato com uma equipe. Entre muitos trabalhos pioneiros de engenharia, fez o levantamento topográfico, que viabilizou a estrada de ferro Noroeste.

E A FAMÍLIA PATERNA?

A minha avó paterna Isolina era mulata *aça* e o avô era pastor, neto de portugueses, mas acho que a origem era "cristão novo" porque lia em hebraico. Meu pai era louro também, de olhos azuis. Do que eu sei, não era nenhum fanático pela religião e dançava samba muito bem. A família era também presbiteriana, mas a minha mãe contava que havia divergências de correntes na mesma Igreja e entre as duas famílias. A mãe dela não gostou muito daquele casamento. Apesar da aparência de *gringa* eu sou uma mistura tipicamente brasileira.

VOCÊ TERMINOU O ENSINO MÉDIO NO MELLO E SOUZA?

Eu fiz primário e ginásio. Depois fui fazer o curso técnico de estatística, que equivalia ao ensino médio, na Faculdade de Ciências Estatísticas do Instituto Brasileiro de Geografia Estatística. Excelentes professores de física, de química, de português, de matemática e estatística. Mas quando percebi que o curso superior era de matemática pura desisti de vez.

VOCÊ FOI UMA CRIANÇA INQUIETA?

Até que não... Eu era uma criança tímida, chorona e muito mimada. A minha irmã foi convidada pelo Fluminense Futebol Clube para jogar vôlei. Eu, com 12 anos, fui convidada para nadar lá porque o colégio havia participado dos Jogos Colegiais e foi quando ganhei a minha primeira medalha. Era meio complicado porque a gente tinha que atravessar a rua Farani a pé e voltar de noite... Era um clube muito elitista. Então a minha irmã — que tinha uma cabeça bem diferente do pessoal da idade dela; ela lia Monteiro Lobato, Bertrand Russel... — resolveu ir para o Botafogo de Futebol e Regatas. E lá fui eu atrás. Daí acabou a piscina do clube, eu parei durante uns três anos. Joguei vôlei um tempo, mas não deu certo. Eu era lenta por causa da musculatura de natação que não é compatível com esportes em terra. Estou contando isso porque é um dos fatores importantes para a militância na esquerda. Disputar campeonatos e competir já foi, naquela época, um início de superação da timidez e da insegurança. No esporte individual é com você mesmo... Não dá para dividir responsabilidades.

QUAL ERA A POSIÇÃO POLÍTICA DO SEU PAI? ELE MANTEVE LIGAÇÕES COM O BRIGADEIRO EDUARDO GOMES?

Eduardo Gomes era uma liderança forte na Aeronáutica e meu pai era um "afilhado" dele, embora tivesse uma prática de caráter humanitário e progressista. O CAN foi tão pioneiro como o projeto Rondon porque saía aí pelos confins do país levando remédios, cartas, alimentos etc. Piloto da FAB era tudo meio doido... Os aviões superprecários... Aqueles jovens morriam como moscas. Eu não posso falar porque eu estou falando mal do velho [risos]. Na realidade estou repetindo comentários da minha mãe. Quando ele morreu, a minha mãe resolveu se afastar das duas famílias. Ela trabalhava fora quando solteira. Era secretária, taquígrafa e datilógrafa bilíngue e conseguiu emprego na Panair do Brasil, uma empresa estatal de aviação.

E A SUA MÃE SE CASOU NOVAMENTE?

Não. Mas também nunca foi uma viúva triste... Era uma viúva alegre [risos]. Ela votava na União Democrática Nacional, a UDN, que naquela época era oposição de direita à ditadura de Getúlio Vargas e sofria perseguição também, como o próprio Partido Comunista. Meu pai, provavelmente, teria integrado o movimento golpista de Jacareacanga. Ele ia querer que a gente casasse muito cedo, meninas casadoiras enfim, donas de casa.

ENTÃO, SUA MÃE ERA UMA MULHER MUITO MODERNA PARA A ÉPOCA. VOCÊS TIVERAM UMA CRIAÇÃO BASTANTE LIBERAL.

Minha mãe era assim... Linha dura com relação a estudos, ética, virgindade... E por outro lado era *pra* frente, muito viva, liberal em relação à vida saudável e praia. Ela era das poucas mães que liberavam a casa: podia jogar pingue-pongue em dia de chuva, na mesa de sucupira, e era a maneira que tinha de nos manter sob controle porque ela trabalhava o dia inteiro. Ela deixava quase tudo, desde que estivesse em casa... Arrasta-pé era todo fim de semana, inclusive, mais raramente, nas casas de outras meninas, ao som das orquestras do Glenn Miller, Artie Shaw, Tommy Dorsey, e muito samba também.

Então, não era assim repressiva, mas ela tinha lá seus instrumentos sutis. Ela era uma figura engraçada... Um dia, começou a campanha do Fiúza no Leblon, que era o candidato do Partido Comunista à presidência da República. A turma da praia do Pinto tocava um samba em frente de casa e dizia que "quando o Fiúza for eleito, a primeira casa que nós vamos entrar é na casa da madame aí... a viúva". Eu me lembro até hoje, meu Deus do céu, ela foi lá para fora, deu uns tiros para o alto, sumiu todo mundo; virou a viúva louca, nunca mais entrou ladrão, nunca mais ninguém se meteu a besta... "Nego" passava longe da casa da viúva [risos].

E os outros membros da família?

Tinha três irmãos diretos dela. O caçula, Lourenço, morava conosco. O Olivério e o Job vinham nos fins de semana e feriados, porque eram da Aeronáutica. Eles também morreram muito jovens. Ela era a *bugrinha* querida do meu avô, muito influenciada por ele. Então, é bem atípica a história. Éramos muito amigas da Suzana de Morais, filha do Vinicius e da Tati, uma intelectual simpatizante do Partido Comunista, que tinha por amigos a fina flor da intelectualidade, que frequentava a casa dela. O Rubem Braga, Fernando Sabino, essa turma toda. Vinícius era ex-diplomata afastado do Itamaraty por suas posições de esquerda.

Um dia, a Tati chamou para um passeio num Cadillac rabo de peixe, conversível e amarelo do Antonio Maria. E subimos a estrada das Canoas. Estava um dia magnífico, o sol, de tarde. E na volta, ele disse:

"Tati, eu fiz uma nova música". E começou a cantarolar: "Vento do mar no meu rosto e o sol a queimar..." A depois famosa *Valsa de uma cidade*. Eu me achando o máximo, no meio de intelectuais; combinava com aquele carrão, combinava com o Rio. A minha aproximação com a esquerda e com o mundo da música começou nessa época. Depois veio a convivência com o pessoal de Ipanema e de Copacabana.

ERA O PESSOAL DA BOSSA NOVA?

O contato com a futura bossa nova começou no Leblon ainda, mas são dois momentos que se consolidam também no conhecimento de jazz. Eu era muito amiga de colégio da Nara Leão. Conheci o Roberto Menescal, que tocava com um conjunto no Clube Leblon, em 56. Logo depois mudamos para a Urca, para a avenida Portugal, em frente à praia, um apartamento térreo, como se fosse uma casa. Ali foi um dos locais em que, historicamente, a bossa nova começou. Acabei conhecendo o Carlinhos Lyra, o Oscar Castro Neves e o Mário Castro Neves, o Chico *Fim de Noite* Feitosa, Ronaldo Bôscoli e outros.

Muitas músicas foram feitas lá. Ouvíamos a Julie London, com a guitarra do Barney (Kessell), Gerry Mulligan, o Jazz West Coast. A turma tocava MPB também, Dick Farney, Lucio Alves, Johnny Alf. Um belo dia o Menescal me falou: "Ô Lu, eu vou levar um baiano aí, que é sensacional". Eu falei: "Legal, traz". Era o João Gilberto. Então, eu sou testemunha viva da situação. O mentor e grande iniciador da bossa nova é o João Gilberto. Inteiramente neurótico e enjoado [risos]. Com aquele ouvido absoluto, não é? Bastava o Edinho, do Trio Irakitan, tentar fazer um coro... e lá vinha ele: "Alguém desafinou" [risos]. Essas coisas rolavam até de manhã cedo, porque os meninos não tinham como voltar para casa. Era só música. Mas muito militar morava na Urca, lugar muito isolado e provinciano. Começaram a reclamar, e depois de um ano e meio voltamos para a civilização... Que alegria...

Frequentávamos também o Copa Golf, que era um clube entre o Arpoador e Posto Seis, que promovia *jam sessions* de músicos de jazz brasileiros e estrangeiros aos domingos, e a gente dançava com passos de rock *pra* valer. Fomos dançar no programa do Carlos Imperial [risos]. Aí, eu tinha um parceiro que me jogava por debaixo da perna, jogava para cima, e eu, com um rabo de cavalo, o rabo de cavalo voava assim... [risos]. Minha irmã conheceu o Robert Celerier, um francês profundo entendedor de Jazz East Coast, e fanático pelo Charlie Parker, que promovia seções de jazz na casa dele. Ela respondeu sobre jazz em 1962 no programa *Música para Milhões* da TV Rio, e só perdeu na fase final.

Você também tocava?

Não. Bem que a turma brincava que o João Gilberto queria casar comigo e criar uma nova cantora. Que acabou sendo a Astrud Gilberto. Ele levou o Aloísio de Oliveira da gravadora Elenco para me ouvir cantar lá em casa. A minha má vontade era visível. Não tinha nada a ver com a minha cabeça. Eles eram totalmente alienados. Coisas de músicos. Em 1958, fomos morar em Ipanema, na Rainha Elizabeth. Depois que acabou o Copa Golf, apareceu o Little Club que promovia *jam sessions* nos finais de tarde de domingo e, ao lado, no mesmo Beco das Garrafas teve também o Bottle's Bar, onde o Johnny Alf cantava e tocava piano. Pouco depois surgiu o samba jazz, um importante desdobramento da bossa nova, liderado por figuras como Johnny Alf, Luiz Carlos Vinhas, Luisinho Eça, Sergio Mendes e outros.

"Essa viagem me abriu os olhos para o comunismo e para a Europa"

E o esporte?

A partir de uma determinada época, me distanciei da bossa nova e voltei a nadar. O técnico era inteiramente fanático... Não dava sossego. Natação é um esporte muito restritivo, ou você adota uma autodisciplina ferrada ou então você não consegue. Você é capaz de arrebentar com o treinamento forte de um ano inteiro por causa de má alimentação, tomar refrigerante, essas coisas que, hoje, os atletas fazem. E nessa

Atleta do Clube de Regatas Guanabara, fins dos anos 1950

brincadeira, com uma equipe bem pequena do Clube de Regatas Guanabara, ganhamos o campeonato carioca do invencível Fluminense. Fui campeã carioca e brasileira. Em 1961, entrei para a Escola de Educação Física da Universidade do Brasil, porque ia ter um campeonato mundial universitário, o que me abria possibilidades de viajar para a Europa. E eu fui a única mulher da delegação brasileira a participar da "Universíade", na Bulgária.

E como foi essa história?

Eu tinha uma encrenca, porque achava que tinha ombro largo, que eu era muito forte e era mais alta do que a média das mulheres. Participaram do evento atletas dos países comunistas. Aí, quando eu chego na raia, começam a pintar a alemã do Leste, a russa, a polonesa e todas as outras. Eu pensei: "Caramba! eu sou a nanica aqui; estou ferrada". Cada mulher do tamanho de um bonde, e entrei em último lugar na final dos 100m costas.

VOCÊ VIAJOU PELA BULGÁRIA?

Ah! E aconteceu um lance engraçado, lá. Nós queríamos ir bordejar um pouco pela Europa quando soubemos da renúncia do presidente Janio Quadros e aquela confusão toda. E daí... nós resolvemos sair de trem para Viena, porque os aviões estavam repletos. Fui também a Dusseldorf, Londres e Paris. Bom, enfim, deu para conhecer um pouco a Europa. A cidade de onde voltaríamos para o Brasil era Genebra, onde ficamos dois dias por problemas com o avião. Eu cheguei em casa e disse assim: "A Suíça é um lugar onde eu não vou morar nunca na minha vida. Aquilo é o fim da picada". Tempos depois, nunca mais na minha vida disse dessa água não beberei [risos]. Voltei para o Brasil e fui fazer o vestibular para arquitetura em 62.

MAS, ENQUANTO ESTAVA FORA, CONTINUAVA A ACOMPANHAR O QUE VINHA OCORRENDO NO BRASIL?

Eu não acompanhei. Só tinha notícia de uma revolução no Brasil, que era a resistência do Brizola no Sul. Só fiz uma entrevista na rádio búlgara, e o entrevistador me perguntou por que o presidente tinha saído. Eu falava francês mais ou menos e confundi *l'argent*, o dinheiro, com *la monnaie*, a moeda. Eu disse: "Acho que foi por causa de *monnaie*, *à cause de la monnaie*". O cara deu um pigarro, mudou de assunto e logo depois encerrou a entrevista. Eu não entendi nada [risos]. É bem provável que tenha pensado, essa moça vai desandar a falar aqui, na Bulgária, sobre questões da economia brasileira... Mas não era nada disso.

VOCÊ DISSE QUE TUDO ISSO FOI IMPORTANTE PARA A MILITÂNCIA. POR QUÊ?

Essa viagem me abriu os olhos para o comunismo e para a Europa. E então... eu me encantei pelo comunismo na Bulgária. Mas não foi um fato isolado porque, nessa mesma época, minha irmã já estava na faculdade de arquitetura na praia Vermelha e ela se ligou ao Centro Popular de Cultura da UNE. Era uma época de grande efervescência política e cultural. E ela conheceu o Vianninha, Ferreira Gullar, o Armando Costa, e se relacionava, no nível profissional, com arquitetos simpatizantes ou militantes do Partidão. E acabou assumindo a militância na base de arquitetos e engenheiros. Ela era mais velha, tinha uma influência muito grande sobre mim; quem ficava comigo era ela. Eu desenhava muito bem e era excelente aluna de descritiva sem estudar nada; era um dom natural. E lá fui eu para a faculdade de arquitetura no Fundão em 63. Eu tinha tudo para ser de esquerda.

"O lema da Banda de Ipanema é, ainda hoje, 'Yolhesman Crisbelis'"

ERA UMA ÉPOCA QUENTE...

Éramos um grupo grande, de amigos todos de esquerda, que estávamos em Paraty na Semana Santa, às vésperas do golpe militar. E aí nós voltamos para o Rio a tempo de ver o capitão Montanha tomar o quartel do Posto Seis a tapa. Foi tudo televisionado porque a TV Rio era em frente. Era o antigo Cassino Atlântico, dos bailes de Carnaval, (o baile infantil era uma maravilha). E eu pensava: "Que nada, a gente derruba esses militares em dois segundos". Tinha velas acesas nas janelas por tudo que é lado da rua. A minha mãe começou a chorar. Ela dizia: "Essa ditadura vai durar uns 15 anos". Foi a única pessoa que me falou isso. Claro que ela sabia das coisas, da ditadura Vargas, da revolução de 30 em São Paulo e, principalmente, pela convivência com o pessoal da base comunista da Panair, que era muito forte. Eles viviam querendo cooptá-la, e ela nunca quis saber de militância. Até por medo, porque tinha duas filhas pequenas.

As lideranças do golpe militar de 1º de abril tinham uma posição ambígua, provavelmente em função das diversas correntes internas. Liderados pela *intelectualidade* da Escola Superior de Guerra, uns defendiam a implantação de uma ditadura imediata, e outros que era só para botar ordem no país. Era o que contava o pai de um namorado meu.

E como foi aquele ano de 64?

Em dezembro de 64, começaram os bailes de Reveillon que o Albino e o Jaguar promoviam. A grande maioria que ia era da turma de esquerda. Então, o mesmo pessoal que frequentava o bar Jangadeiros há muitos anos resolveu fazer a Banda de Ipanema. Acho que vale aqui contar o início da banda porque foi um marco importante na história do Rio de Janeiro, que mostra o perfil do carioca de combater situações adversas com bom humor. É uma tônica, que eu não sei se tem algum *repeteco* no mundo, mas o carioca é bem assim. A banda sai pela primeira vez no Carnaval de 65. Então foi combinado que os próprios participantes tocariam o que bem entendessem, e teria uma base de fundo, de uma bateria mínima. A ideia era fazer Carnaval na rua. Não tinha uma perspectiva imediata de denunciar ditadura. E combinou-se que todo mundo iria de tamanco.

Por algum motivo?

Para fazer barulho no chão: *tlec-tlec-tlec*. Bom. O que é que aconteceu? Cada um se vestiu lá da sua maneira, como bem entendia e tal... Era uma música dodecafônica muito louca, porque um gritava daqui, o pistão gritava de lá e... era uma loucura. A gente ia cantando. Daí, em 1966 o Hugo Bidê resolveu se vestir de marechal, e apareceu com um cavalo em frente ao bar Jangadeiros, e com uma espada; e ele levantava a espada assim... E saiu ele na banda. A banda foi um sucesso. Eu dava uma parada ali no Bip-Bip, tomava uma caipirinha muito boa. No ano seguinte, a polícia exigiu que a banda assinasse um documento com uma série de compromissos e, entre eles, não poderia ter meninas de biquíni... A gente não ia de biquíni, porque não andávamos de biquíni no meio da rua. E não se poderia fazer nenhuma alusão às Forças Armadas, em hipótese alguma. Esse documento foi entregue para a minha mãe, que também saía na banda, porque ela já era uma senhora e ficava lúcida [risos]. Ela guardou esse documento. O documento é um primor de coisas da ditadura; realmente, é incrível.

Eu lembro que a banda tinha um lema engraçado...

O lema é, ainda hoje, "Yolhesman Crisbelis". E o Albino, por sua vez, sempre arranjava uma esticada depois da banda, e fazia um baile de Carnaval. Ou era na gafieira Elite, ou era em outro lugar... Um belo dia ele virou assessor do Ricardo Cravo Albin, que era o secretário de Turismo, e tinha colocado um navio ali no Aterro, que ainda estava todo de terra. Como não apareceram pessoas, nós fomos para lá. A entrada era gratuita, só pagamos o consumo... Uma maravilha, a gente fez a maior farra. Até que uma vez resolveram que todo mundo se vestiria de tropicália, já saudando mais a história do Gil e do Caetano. Acredito que tenha sido 67. E sai todo mundo de tropicália, os homens saíam de um laço colorido e a gente de *pareô* (a canga de hoje), supertropicália. Eram pessoas que não pensavam igual, mas que aderiam a essa forma sutil de protesto contra a ditadura através de uma irreverência carnavalesca. Se não me engano essa foi a primeira vez em que apareceu a Leila Diniz. Depois de 69 eu não fui mais à banda porque não tinha condições. Aí já é a militância, é uma outra história.

Mas a banda continuou?

Continuou. Daí, quando a mamãe morreu, a minha irmã descobriu esse primeiro alvará da banda. Até hoje é obrigatório o alvará para qualquer evento de rua. E nós entregamos para o Albino Pinheiro, que na época já estava bem doente, e ele disse que entregaria ao Museu da Imagem e do Som. Faz uns 10 anos. Não sei se o Cláudio Pinheiro entregou. Mas é um poderoso documento que mostra o *besteirol* que era a ditadura, aquelas bobagens que, do ponto de vista histórico, para historiógrafos, é interessante.

Você acompanhou também a criação d'*O Pasquim*?

Eu só acompanhei. Porque era o Jaguar, era o Ziraldo, era tudo da mesma turma. O Jaguar era muito amigo nosso; a Olga Savari, que era a mulher dele, poetisa, era muito amiga da minha mãe. E *O Pasquim* também é um marco importante do jornalismo.

Então, você pode colocar no currículo: "fundadora da Banda de Ipanema"...

Há a lista com os nomes dos 28 fundadores da banda feita pelo Jaguar, que não faz e nunca fez até hoje jus às mulheres fundadoras. Eu não fui exatamente uma fundadora, eu fui no embalo. Mas a Olga Savari, Denyr Campos, minha irmã e uma série de outras mulheres deveriam ser consideradas como tal.

Hoje em dia, quem está na linha de frente?

Quem, realmente, pegou agora a banda nas mãos, há um tempo já, foi o Cláudio Pinheiro. E ela está incrementando de novo. Porque teve uma época que era predominantemente de travestis.— o que acho interessante também, porque provavelmente, fora os desfiles e prêmios de fantasia, o gay também não tinha muito espaço; e o Albino abriu esse espaço, que eu acho que era importante para a turma. Agora... acho fantástica a duração da banda.

*"A opção era ir para a rua.
E assim começaram as passeatas"*

E a militância política pós-64?

Desde fins da década de 1950 minha mãe era secretária do deputado Mário Tamborindeguy, do Partido Social Democrático, ligado ao Juscelino e ao Amaral Peixoto. Ela era uma secretária muito especial, porque redigia os discursos dele junto com o Olimpio Guilherme, dublê de diplomata e escritor, que havia servido no Vietnã quando era colônia francesa. Enfim, era assessora, consultora política, ou seja, jogava nas 11. E ele dizia que ela era comunista e aquelas coisas; mas tinha uma confiança total nela. Então terminou por acompanhar muito de perto a política do país desde os tempos de JK e mesmo durante uma parte da ditadura. Política *pra* valer... Cada história do arco da velha. E o deputado era um chefe complicado. Só ela é que aturava aquele homem [risos]. Então toda aquela encrenca com ditaduras foi-se transformando em aproximação com a esquerda. Mas vejam que situação esdrúxula: a pensão do meu pai não dava nem para o aluguel... E ela acabou se aposentando com uma bela pensão durante o regime militar.

NESSE PERÍODO, VOCÊ CONTINUAVA NA FACULDADE DE ARQUITETURA?

Eu estava no segundo ano em 64. E aí entrei para o diretório acadêmico e para a base estudantil do Partido Comunista Brasileiro. Era a época em que a formação teórica era feita em grupos de estudos com base na Academia Soviética, coordenados pelo assistente do partido. Era interessante porque tinha uma cartilha de princípios de comportamento ético fora e dentro da cadeia. Em uma ditadura, você, para ser liderança de alguma coisa, tem que mostrar o exemplo, ser bom aluno e tem que estudar. Foi quando comecei a entender algo sobre Marx, Lenin e Engels. O meu rompimento com o PCB se deu muito mais por causa da truculência da luta interna e, principalmente, pela linha do comportamento do jornal *A Voz Operária*, que citava nominalmente as lideranças dissidentes. Nessa época tive acesso às teses de Mao Tsé-tung e Ho Chi Minh. A partir da revolução cubana, começaram a aparecer teses de foco guerrilheiro no campo de Fidel Castro e Che Guevara. Pedi desligamento do PCB e fui para Corrente Revolucionária, de onde surgiu o Partido Comunista Brasileiro Revolucionário (PCBR).

E COMO ANDAVA O CLIMA NA FACULDADE?

Durante os quatro anos de faculdade, fui representante de turma; eu era boa aluna, tanto que passei por média do segundo ano em diante. Passado o golpe militar, a primeira greve que teve no Rio de Janeiro foi puxada pelo nosso diretório acadêmico, em 1966. As reivindicações eram tipicamente estudantis. A greve durou 45 dias. A estudantada mobilizada. Antes disso, o Castello Branco foi lá na faculdade, inaugurar uma biblioteca que fica no anexo, no Fundão. E nós ficamos esperando... "O que é que a gente faz na presença do presidente, vamos aprontar uma, vamos não sei o quê." Resolveram pegar um macaco.

Campanha para eleger Che Guevara paraninfo da turma FAU/UFRJ, 1967.
Na foto, Lu (sentada) e Cléia Braga

UM MACACO DE VERDADE?

Para soltar o macaco quando ele saísse. De verdade [risos]. Coisas de jovens. Para muitos de nós, a ditadura não era séria. Então, o que é que aconteceu? O pessoal da medicina conseguiu o macaco em um laboratório e o botou na mala do carro... O garoto da medicina dá uma injeção para sossegar o macaco, para não ficar pulando dentro da mala do carro, mas caprichou na dose, o macaco apagou. O macaco... [imita ronco] dormia a sono solto [risos]. A inauguração rolando solta. O Castello descendo as escadas. Estava para ir embora e ninguém sabia o que fazer. De repente, um rapaz começou: "Uuuu..." [vaia]. Aí começou assim, todo mundo: "U... [timidamente]. uuuuu..." A vaia! Aquele negócio teve uma repercussão violentíssima na imprensa. E foi um auê.

Voltando ao que eu estava falando, a Faculdade Nacional de Filosofia, então, entrou em greve também. Tem um episódio durante a greve que vale contar. Uns colegas da minha turma resolveram dar de espiões e gravar uma reunião do diretor com os professores. Daí subiram e ficaram no espaço entre a laje de dois pisos. A gravação estava muito ruim, mas eles nos passaram o que havia sido falado. Fizemos uma assembleia de denúncia e paramos a nossa greve. Conseguimos ganhar um inquérito interno e o início de um dossiê, que não deu em nada.

E A REPRESSÃO TAMBÉM...

Um dia ocupamos a faculdade de medicina e a ideia era resistir ao frio e à fome. E, realmente, foi violento aquele negócio que aconteceu de madrugada. Eu não apanhei porque dei muita sorte... Ou presença de espírito... sei lá... Em vez de ir lá para cima, fiquei debaixo de uma escada, com dois rapazes; um era irmão de uma amiga minha. E eles subiram, bateram em todo mundo; foi um massacre, um negócio brabo. A minha mãe tinha ido junto com a minha irmã, me entregar um agasalho. E acabaram ficando lá fora. Se não fosse ela, que escreveu uma carta aos principais jornalistas que só foi publicada pelo Stanislaw Ponte Preta e pelo Paulo Francis, ninguém saberia o que aconteceu. É o único depoimento existente daquele vandalismo militar.

Inquéritos na *filô*, inquérito na arquitetura, direito (Caco). Uma coisa complicada. A opção era ir para a rua. E assim começaram as passeatas. Passeata tinha lá seu lado divertido. Era um programa provocar a PM. Palavrão a gente não dizia, não podia. Hoje, eu digo à beça, mas não podia. E saíamos correndo, não é, e tal, até que pegavam um de jeito, eles sentavam o cacete. Podem desenvolver a teoria que quiserem; na prática, muitos concluíram que ficar dentro pegava inquérito, a polícia prendia; vamos para a rua. Eu fui para a rua por causa disso... Mas o PCB era sistematicamente contra as passeatas.

O PCB NÃO QUERIA MUITA AGITAÇÃO, MOVIMENTO DE RUA?

Eles tentavam segurar as manifestações, mas a indignação era mais forte. A polícia começou a usar armas, pela primeira vez, em uma manifestação no Centro em 68. Naquela noite, duas pessoas morreram. O episódio do estudante Edson Luiz morto no Calabouço. Tudo indicava para um endurecimento que vai dar origem à passeata da missa do rapaz e à passeata dos Cem Mil... E então eu fui fazer pós-graduação por motivos profissionais e de militância.

"A minha ideia fixa era a favela"

EM TERMOS PROFISSIONAIS, O QUE FAZIA A CABEÇA DE VOCÊS NAQUELES ANOS? A ARQUITETURA MODERNISTA?
A escola modernista era predominante, mas a minha ideia fixa era a favela. De uma maneira geral, à exceção de projetos no governo de Carlos Lacerda em torno da urbanização da favela que não deram maiores resultados, a linha predominante nos órgãos públicos era a de promover uma política de remoção de favelas, política essa que era combatida por caras sérios do IAB como Alfredo Brito e outros, ou seja, por gente de esquerda.

Nesse contexto, fui atuar na favela como arquiteta e quadro estudantil do PCBR junto ao projeto de urbanização da favela de Brás de Pina,[1] que era muito interessante. A proposta era a de construir a infraestrutura urbana e promover a distribuição de material de construção, com apoio técnico, para transformar os barracos de madeira em alvenaria. Mas então, a base política do partido na favela começou a reclamar porque eu chamava a atenção, porque era muito lourinha, e de minissaia... Não estava dando, eu não podia ficar. Então eu digo: "Nesse caso também saio do trabalho, porque não tem sentido ficar ralando aqui". Era difícil ir até Brás de Pina, longe *pra* caramba, um calor de rachar. Saí.

COMO É QUE VOCÊ ESTABELECEU CONTATOS COM UM DOS MENTORES DO PROJETO, O ARQUITETO CARLOS NELSON FERREIRA DOS SANTOS?
O Carlos Nelson era recém-formado, ligado à Juventude Universitária Católica da Igreja. Então, muitas pessoas do diretório da faculdade,

---

[1] O projeto de urbanização da favela de Brás de Pina foi criado no âmbito da Companhia de Desenvolvimento de Comunidades (Codesco), do governo Negrão de Lima. Os arquitetos que formavam o grupo Quadra — Carlos Nelson Ferreira dos Santos, Rogério Aroeira Neves, Sueli de Azevedo e Sylvia Wanderley —, em parceria com a Federação de Favelas do Estado da Guanabara (Fafeg), assessoravam os moradores de favelas de Brás de Pina, Catumbi e morro Azul na construção de projetos para suas casas. Ver FREIRE, Américo; LIPPI, Lúcia (Orgs.). *Capítulos da memória do urbanismo carioca*. Rio de Janeiro: Edições Folha Seca, 1999.

com passagem pela esquerda estudantil, foram fazer o estágio com ele. Ele era uma figura, porque conseguia, desde muito antigamente, falar da questão com naturalidade. Ele era um show à parte. Tinha aquela capacidade de encarar a favela com tranquilidade, e não medo ou preconceito, ou isso ou aquilo. Ele já entendia que a favela é parte do desenvolvimento urbano da cidade.[2]

"E aí nós começamos a gritar. Foi uma maluquice. Preâmbulos de endurecimento da ditadura mesmo"

Lá no Leblon, quando teve o *boom* imobiliário nos anos 50, as construtoras só contratavam trabalhadores nordestinos, que iam morar na Rocinha. O noivo da nossa empregada, que era o capataz da obra, morava no barracão de obras e virou porteiro do edifício depois que ficou pronto. E depois veio o resto da família, que não cabia na casa dele. Isso era muito comum ali. E dali surge a ocupação da encosta da Rocinha. Mas não tem origem negra. A Rocinha e a Maré são representativas de uma mudança grande dentro das favelas, que passam a ter predominância essencialmente nordestina. A praia do Pinto tinha, sim [origem negra]. E era originária, diz-se, de um quilombo que tinha na Gávea, lá por aquela área.

---

[2] Carlos Nelson Ferreira dos Santos formou-se em arquitetura, em 1966, na UnB. Fez mestrado em antropologia social no Museu Nacional/UFRJ e doutorado em arquitetura na USP. Durante o períozdo militar, engajou-se na Juventude Universitária Católica (JUC). Desde 1964 produz trabalhos, teóricos e práticos, na área de habitação popular. Em 1975 tornou-se chefe do Centro de Estudos e Pesquisas Urbanas do Instituto Brasileiro de Administração Municipal (Ibam). Em suas pesquisas e seus projetos, inverteu o tratamento até então dado aos pobres e favelados, reconhecendo-os como sujeitos conscientes de seus interesses. Na assessoria que prestou à Fafeg, em Brás de Pina, colocou-os como agentes da urbanização das favelas. Os próprios moradores eram os desenhistas dos projetos para suas casas, cabendo aos arquitetos apenas o papel de assessoria, de modo a adequar os projetos aos padrões urbanísticos e arquitetônicos. Para outras informações, ver FREIRE, Américo; LIPPI, Lúcia (Orgs.). *Capítulos da memória do urbanismo carioca*. Rio de Janeiro: Edições Folha Seca, 1999.

E DEPOIS DO PROJETO? O QUE VOCÊ FOI FAZER?

Comecei a trabalhar em escritórios de arquitetura na feitura do Plano Diretor de Duque de Caxias e de Betim. Eu já não frequentava as reuniões do Diretório Central de Estudantes, mas recebia informações nas reuniões, porque fazia parte da célula da juventude do PCBR e fazia pós-graduação na faculdade. E então... começaram as discussões sobre o congresso da UNE, já ilegal, e a direção estudantil do Rio disse que não tinha condições de realizar. Nesse meio-tempo, o movimento de São Paulo se responsabilizou pela montagem do congresso em Ibiúna. Ninguém do diretório da arquitetura estava querendo ir. A direção estudantil do partido me deu um "dá ou desce", disse: "É uma tarefa, você vai". Lembro que o meu assistente era o René, filho do Apolônio de Carvalho. Ele é uma graça. A gente o chamava de Alain Delon. É bonito, moreno de olhos azuis. Um rapaz de esquerda bonito. Era... uma raridade [risos]. Naquela época, não sei se vocês sabem, a militância feminina não usava calça comprida.

ERA UM CÓDIGO?

Porque calça comprida era *porrada* da polícia na certa. Então a gente andava de saia. Eu tinha uma saia especial para correr. Usava tênis e saia. É engraçado porque tinha todo um conjunto de códigos... Como tem os códigos, hoje... E a esquerda estudantil era assim. Então, voltando ao assunto, eu acabei indo para Ibiúna. Só que eu tinha ficado muito doente. Eu tinha tido um problema sério, pulmonar, e quase morri. E eu não podia ir, de jeito nenhum. Meu vizinho era o ator Carlos Eduardo Dollabela, que era próximo à esquerda de teatro. Eu falei: "Dolla, faz o seguinte. Se esse congresso cair, você avisa para minha mãe". E ele: "Tudo bem". Lá vou eu para o congresso. Uma zona, o congresso; longe *pra* caramba, eram quilômetros depois de Ibiúna. Pernoitamos numa casa no campo. Tinha que dormir sentado porque não tinha espaço para deitar. Lá, eu conheci os gaúchos da dissidência gaúcha e me encantei com um deles, o João Antônio Heredia. Depois, acabei por viver com ele e fomos juntos para o exílio na Suíça. Bom, quando cheguei finalmente em Ibiúna, vi que não havia a menor estrutura: o anfiteatro era uma barraca e desandou a chover. E chovia, chovia a cântaros e fazia frio e eu preocupada com o meu estado de saúde. Eu tinha que dormir num lugar fechado e não tinha mais como entrar no barracão, e mais uma vez estava todo mundo dormindo sentado porque não tinha espaço para deitar. Tive uma breve encrenca com o José Dirceu, porque ele estava guardando a porta e não queria deixar ninguém entrar. E me disse: "Você não vai entrar". Eu digo: "Vou entrar". E entrei na marra. E a Jussara Ribeiro de Oliveira, a baixinha, que estava comigo, entrou. O gaúcho veio na rebarba e dormimos lá, sentados. No dia seguinte, de manhã cedo, eu estou escovando os dentes, vejo aquela tropa descendo, armada... Eu lembrei do *Encouraçado Potemkin*.[3] E os *caras* descendo... Eu digo: "Caramba!" Cavalos, tinha de tudo. Pegaram todo mundo. Saímos dali, botaram a gente para andar naquele lamaçal até a cidade de Ibiúna, atolando na lama, aquele negócio. Um desespero. Paramos num posto. Eu peguei uma caneca, estou lá bebendo água, não prestei atenção; um repórter d'*O Estado de S. Paulo*, do *Estadão*, me fotografou. Sai a fotografia do jornal, deste tamanho. O meu cunhado Peter Sievers, que morava com a minha irmã em São Paulo, viu o jornal e disse assim para ela: "Olha onde é que está a f da p da sua irmã, aqui na primeira página do jornal". Minha irmã contou para minha mãe que queria ir para São Paulo. Enfim, foi aquela confusão.

Vocês ficaram presos em São Paulo?

Ficamos presos no Tiradentes, em São Paulo, entre os dias 12 e 20 de outubro. Juntaram as mães lá e elas começaram um movimento, aquelas coisas. Muitos fizeram depoimento lá. Eu também tive que ir depor, porque o delgado Vilarinho e seu assistente Mario Prata me reconheceram de agito de rua. E aí botaram a gente num camburão e levaram para a base aérea de Cumbica, onde pegamos um avião da FAB. Só o pessoal do Rio. Todo mundo algemado nos bancos. Aquela maluquice. Fomos

---

[3] Filme de 1925 do diretor russo Sergei Eisenstein.

31

sequestrados de São Paulo, porque ninguém avisou nada, ninguém soube... Quer dizer, a minha irmã sabia. Ela ficava grudada lá, na porta da cadeia. Ela viu o camburão sair. E começou a entrar em pânico com essa história e avisou para minha mãe. Abriram lá... E aí nós começamos a gritar. Preâmbulos de endurecimento da ditadura mesmo.

ABRIRAM A PORTA DO AVIÃO?

É. Porque era avião de hélice e não tinha problema abrir a porta. Ameaçando jogar lá embaixo, na baía de Guanabara. Havia vazado na mídia uma história do Para-Sar...[4] Que os presos políticos iam ser jogados no mar. O escândalo foi tão grande que esse projeto do FAB abortou. Assim mesmo tocaram um terror. Um garoto desmaiou lá. Uma confusão. Quando eu cheguei aqui, eles me pegaram para depoimento de novo e me soltaram logo em seguida.

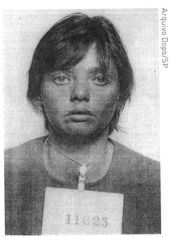

Foto de identificação. Prisão de Tiradentes, 1968. Lu foi presa durante o Congresso da UNE em Ibiúna

ONDE VOCÊ FICOU PRESA NO RIO?

No presídio feminino São Judas Tadeu. Hoje é o Comando de Operações Especiais da Polícia Civil. Fiquei mais uns cinco dias lá. Fui para casa e continuei. Encontrei a turma, vamos para lá, vamos para cá... Deixa estar que depois, agora recentemente, é que eu fui saber do meu histórico da ditadura.

---

[4] O Para-Sar era uma unidade especial de busca e salvamento da Aeronáutica, durante o período militar. O caso Para-Sar foi uma controversa situação em que o capitão da unidade, Sérgio Miranda de Carvalho, recebeu ordens do chefe do gabinete do ministro da Aeronáutica, João Paulo Burnier, para exterminar líderes políticos e estudantis, atirando-os de aviões. As ordens, ilegais, não foram cumpridas, o que provocou a punição do capitão da unidade.

E O QUE DIZ O DOSSIÊ?

A história é a seguinte. A Jussara, minha companheira no congresso de Ibiúna, entrou com um pedido na Comissão Especial de Reparação da Secretaria de Justiça do estado e me pediu para ser testemunha dela. Então ela me disse para procurar o meu dossiê e eu falei: "Tá bom, assim eu vou também saber a história". E realmente, o dossiê é... *Kafka*. São umas 40 páginas. É brincadeira. Nesse caso, eu estava sendo acusada de ter liderado um assalto à Usina de Furnas, comandando um grupo. Fui reconhecida pela segurança de lá. E não teve nada, porque eu estava em cana; tinha um comprovante que eu estava presa e não podia ser eu de jeito nenhum. Mas a coisa vai mais longe quando eu já estava no Chile. Fui condenada a 12 anos, em 71, pela Justiça Militar, sob a acusação de comandar um grupo que assaltou uma viatura, roubou as armas e amarrou quatro PMs em um poste na praça Avaí, no Cachambi. Eu teria roubado um outro carro e seguido para assaltar a Ligth. O codinome que me deram foi *a loura do terror*, é mole?

E DEPOIS DA PRISÃO?

Continuei militando no PCBR, e a coisa foi começando a ficar encrencada nos anos 70. Nesse meio-tempo, o gaúcho me apareceu no Rio, veio estudar e morar aqui. Ele era dissidência do PC gaúcho, que depois virou Partido Operário Comunista (POC). Aí, nós fomos morar juntos. Saí do PCBR em 69 e acabamos ficando na Política Operária (Polop)[5] depois do racha no POC, onde peguei uma sólida formação marxista-leninista: lia todos os teóricos. É uma formação bem consistente. Por exemplo: comecei a ter acesso às linhas programáticas da Polop, aos princípios trotskistas, através dele e do Isaac Deutscher: *A revolução permanente* e a trilogia sobre Trotsky — *O profeta armado*,

---

[5] A organização revolucionária marxista-política operária foi formada, em 1961, por intelectuais e estudantes que contestavam a hegemonia política e ideológica do PCB. No pós-1964, ela se organizou para a luta arma. Devido à repressão, a Polop passou por crises internas que levaram à sua fragmentação. Foram formados por dissidências suas a Vanguarda Popular Revolucionária (VPR) e o Movimento Nacionalista Revolucionário (MNR).

O profeta desarmado e *O profeta banido* —, enfim teorias que me deram o fundamento e a clareza sobre os "rachas" da esquerda brasileira e internacional.

Você estava trabalhando? E a arquitetura?

Eu fiquei semiclandestina; então eu era perita do juiz Martinho Campos. Eu vivia disso. Tive de parar a pós-graduação de urbanismo. O Proença, secretário da faculdade, me disse para sumir. Eu larguei e fui embora. As manifestações de rua já não acontecem, dando lugar às ações armadas, ao endurecimento e às prisões de militantes. E daí, começou a cair. Eu falei: "Está na hora de sair". E aí nós resolvemos ir para o Chile.

Exílios

*"Lá ficamos nós, las monjitas portuguesas,
por causa do sotaque. Eu andava
com uma cruz deste tamanho no peito..."*

QUANDO VOCÊ CHEGA AO CHILE?

Cheguei no dia primeiro de abril de 71. E já estava aquele *ti-ti-ti*. E vai ter golpe, e a gente não tinha sossego. A Unidade Popular incentivava os pobres a ocuparem os terrenos, e a gente organizava as ocupações do ponto de vista urbanístico. Fiquei trabalhando lá, com o pessoal do PC chileno, mas eu tinha um pé lá no Movimento de Esquerda Revolucionária (MIR) e na esquerda socialista. E tínhamos uma pequena célula da Polop que participava de grupos de estudo de formação teórica, já entrando nas teses de novos filósofos de esquerda: Althusser, Nicos Poulantzas e outros.

Nessa brincadeira, eu fui parar no Comitê de Denúncia da Repressão (CDR), representando a Polop. Era engraçado porque a cúpula do Comitê de Denúncia da Repressão era o Teotônio dos Santos, o José Serra, o Betinho, o Almino Affonso e o Armênio Guedes, um dirigente muito boa-praça do Partidão. O comitê fazia campanhas de apoio à luta contra a ditadura.

NESSA ÉPOCA, O CESAR MAIA ESTAVA NO CHILE. VOCÊ TEVE ALGUM CONTATO COM ELE LÁ?

Não, nenhum contato. Só o conheci aqui. Posso ter topado com ele aqui ou ali. E a gente avisando: "Olha, vai ter golpe. É uma linha estratégica da ditadura, entrar no Cone Sul, isso aí está na cara". E a turma: *"Nada, pero en Chile no pasa nada, porque Chile es democrático"*. E a gente esperando o golpe.

Você continuava atuando nas *poblaciones*, nas ocupações?

Era o trabalho; mas, ali, eu não fazia política, porque não dá para confundir as coisas. Até porque havia uma certa resistência da esquerda chilena com brasileiro.

Que tipo de resistência?

Sabe o que eu acho? Era uma questão até cultural. Porque eu só fui conhecer algumas particularidades históricas da esquerda da América espanhola depois que fui para o Chile. Não se viajava tanto quanto hoje. A cordilheira é um divisor de águas. O PC chileno era sólido e mobilizava as massas, o Partido Socialista, o MIR e outros também. E a direita também mobilizava. Eu cansei de ouvir: "O movimento operário brasileiro é muito fraco (*flojo*), por isso que teve o golpe lá. Aqui, não tem, as Forças Armadas são legalistas". Boa parte da esquerda brasileira dizia: "Vai ter golpe. E vai ser violentíssimo".

Porque era uma efervescência muito grande, o Chile. O ápice da crise foi em 73, quando o país parou, com a greve dos caminhoneiros, e faltava comida. Fila para tudo, mercado negro e dólar supervalorizado. Eu nunca voltei lá porque acho que não vou encontrar o Chile que eu conheci. Era assim, aquela época bem pré-revolucionária; teatro, música, muita política.

E o clima cada vez mais pesado...

Desde abril de 71 até setembro de 73 era o sufoco da espera do inevitável. O Vladimir Palmeira era muito amigo meu. Um dia, ele me chamou, junto com o José Ibrahim, para despedir de um brasileiro que estava voltando para o Brasil. E nós fomos para uma *tanguería*, porque o micro-ônibus saía de madrugada, cinco da manhã, então fomos ganhar tempo. O gaúcho não foi porque ele ia trabalhar, primeiro dia que ele ia trabalhar, nunca tinha conseguido trabalho [risos]. Saímos dali, andando a pé pelo Centro. O Vladimir foi dormir lá em casa. Daqui a pouco o José Ibrahim bate à porta: "O golpe foi dado". Eu morava pertíssimo, a dois quarteirões do Palácio de la Moneda. Nada de especial diria que o golpe seria naquela hora. Poderia ser depois de amanhã.[6]

EXISTIA ALGUM ESQUEMA DE FUGA?

Não. Só para os dirigentes das organizações, os banidos e os funcionários internacionais. Esses tinham esquema. Tanto é que foi aquela correria rumo às embaixadas. Mas nós, do grupo, tínhamos tirado a posição de ficar no Chile. Muitos militantes que se consideravam vanguarda da revolução brasileira achavam que tinham que se preservar. Não vale discutir, não é? Fazer o quê? Mas eles foram, e nós ficamos. Para nós, uma derrota sem resistência alguma seria muito pior, porque daí arrebenta com tudo por longo tempo.

Nessa época eu trabalhava na área de exportações do Ministério de Planejamento e a palavra de ordem geral era de resistência pacífica nos locais de trabalho. Eu falei: "Eu não vou para local de trabalho porque não sou doida". Todos os operários foram para a fábrica, não é? E foi o massacre. Mataram quem eles quiseram... Foi uma falta total de preparo. Eu não paguei para ver: tratei logo de me mandar.

ELES ENTRARAM NA CASA DE VOCÊS?

Entraram. Fizeram uma bagunça. Os policiais quebraram e roubaram tudo, mataram um vizinho lá. Eu saí levando duas calcinhas, que mulher tem mania de carregar calcinhas, um sutiã extra, um casaco quente e nada mais. E assim eu passei três meses. Fomos primeiro para um apartamento na periferia de uma favela, junto com outros dois casais de brasileiros. No dia 14 de setembro, entraram os carabineiros na nossa casa. Uma das mulheres, ao ver os carabineiros, desmaiou.

---

[6] Em 11 de setembro de 1973, o general Augusto Pinochet executou o plano de derrubada do presidente do Chile, Salvador Allende, eleito em 1970 pela coligação de esquerda Unidade Popular. Ele foi o primeiro marxista a chegar ao poder democraticamente. O governo de Allende promoveu a reforma agrária, a nacionalização de empresas e serviços públicos, e aumentou a intervenção em bancos. Essas medidas contrariaram poderosos interesses internos e externos, inclusive norte-americanos, o que levou o país a uma grave crise econômica e ao golpe militar.

Aí eu falei com o carabineiro: "Olha, é preciso cuidar dela, busquem uma ambulância". Talvez por isso eles decidiram levar apenas os homens. Por sorte o gaúcho tinha ido pedir um cigarro na casa ao lado, e a mulher, que tinha percebido a situação, o puxou para dentro da casa dela. Resultado: levaram os dois homens para o Estádio Nacional, onde foram fuzilados, na beira do rio Mapocho, junto com uruguaios e argentinos.

Um deles, o Sérgio, morreu e o outro, o Luiz Carlos, que havia chegado lá um mês antes, saiu ferido. Eles não se deram conta que ele estava vivo. Aí ele foi procurar socorro, ninguém queria dar socorro; até que bateu na porta de uma freira, francesa, dominicana, que botou ele para dentro. Ele disse onde é que a gente estava. O apartamento era vigiado por uma patrulha o tempo todo. O João foi para Santiago, não podia ficar lá também. E ficamos eu e a Marina, a mulher do Sérgio, que tinha chegado no início de setembro. As freiras levaram o casal para o bairro Alto, onde o Luiz Carlos e a mulher receberam tratamento médico e logo depois foram para a Suécia.

Nesse momento, você tinha alguma notícia do João?

Depois do golpe, eu disse assim para ele: "Você se manda para Santiago. Eu não vou com você". Ele era moreno. Eu chamava muita atenção no Chile, por ser loura, pela maneira de vestir, não era uma maneira chilena. E então eu digo: "Você vai, eu fico aqui com a Marina". Apareceu então uma ex-freira, que havia abandonado o hábito e morava na favela La Victoria. Ali teve alguma resistência. E era o dia inteiro, era polícia invadindo. E nós duas quietas, lá dentro, sem fazer barulho. Se pegassem a gente... ou matavam... ou era rumo estádio, com certeza. A nossa situação era muito precária. Fomos depois para a casa da Igreja, com umas freiras que também haviam recém-saído da clausura. Há um ano mais ou menos que elas trabalhavam em área de pobreza. Lá ficamos nós, *las monjitas* portuguesas, por causa do sotaque. Eu andava com uma cruz deste tamanho no peito... Elas foram corajosas e salvaram a minha vida!

Usavam hábito, alguma coisa assim?

Não. Roupas emprestadas. Mas a cruz estava lá. Aquela cruz... Parecia uma âncora. Ficamos lá até meados de novembro. Dois meses e pouco. Nesse meio de tempo, o João foi preso. Mas já não estavam matando. Um dia, junto com uma freira, eu saí e fui visitá-lo no estádio e falei: "Olha, o que pintar, você topa, porque eu estou muito precária". Ele disse: "Parece que a Suíça está por aí". A nossa situação era de insegurança, por mais que estivéssemos com a Igreja.

Mas tem o lado engraçado da história. As freiras não conseguiam entender por que eu não acreditava em Deus. Eu respondia: "Qual é a prova que você tem de que Deus existe?" [risos]. E a enjoada da freira: "Mas não é possível! Você está nessa situação por querer igualdade social". Eu dizia: "Eu não acredito". Quanto mais elas me enchiam o saco, mais eu provocava. Mas elas eram ótimas. E comi feijão com macarrão todo dia, porque não tinha outra comida. Num belo dia de domingo elas conseguiram um frango. Frango era o equivalente a um peru de Natal nos anos 40 [risos]. Aí eu falei: "Ah, que vontade de tomar um vinho". A freira espanhola chegou com uma garrafa de vinho. Aí nós nos deliciamos com o frango e com o vinho. Aí sobraram, assim, quatro dedos da garrafa, eu pedi: "Eu posso tomar mais um pouco?" Ela disse: "Não, porque é o vinho da missa" [risos].

Existia uma espécie de divisão de classes entre elas. Tinha uma hierarquia. Duas eram professoras, uma era enfermeira e tinha uma que só fazia trabalho de casa, não é? Era a empregada, a "proleta" da história. E ela era mais sensível ao que estava acontecendo, ao socialismo. Mas comigo ela reclamava que nunca sairia daquela situação porque nunca teria chance de melhorar de vida dentro da Igreja. Bom... Eu não vou me meter nessa roubada. Então a Cruz Vermelha criou os abrigos. E nós, na segunda quinzena de novembro, fomos para um abrigo *legal*, que era na Universidade Rural. Então dava para jogar voleibol e respirar ar puro e tal. Lá tive acesso a uma lista de mortos e desaparecidos que tinha sido mandada para o Brasil. É claro que eu e o João estávamos na lista.

Depois de tudo isso, vocês conseguiram sair juntos do Chile?

Nos encontramos no aeroporto e fomos juntos para a Suíça. A Marina queria ir para a França e ficou no abrigo. Fomos expulsos, oficialmente, do Chile. Aí, na Suíça, a gente aprontou bastante.

"Sabia que o chocolate era bom,
sabia que o vinho era muito bom,
sabia que os suíços eram chatos...
Que depois eu vim comprovar que não são"

Como foi a nova vida na Suíça?

Eu fui na primeira leva, com cerca de 80 exilados. Depois abriram mais e chegou a um total de cerca de 300 exilados. Havia poucos brasileiros, porque os brasileiros queriam ir para Paris, não queriam saber da Suíça nada. Era um grupo meio estranho... havia gente de muitos lugares: um uruguaio, um casal de haitianos e muitos chilenos. Nessa leva houve gente que saiu do Chile por motivos econômicos, não eram refugiados políticos... Entre os brasileiros que ficaram conosco me lembro do Sergio Moraes e da mulher dele, Zelda; da Vera Timóteo, do MR-8; da Áurea Assef e do *Guru*, Vitório Sorotiuk e seu irmão Nelson.

Vocês foram direto para a Suíça?

Tempos atrás, tinha havido o caso de um avião fretado que ia com exilados políticos para a Suécia e, ao fazer uma escala no Uruguai, foi invadido pelo governo uruguaio, que sequestrou militantes "tupamaros". Dali em diante, os aviões passaram a fazer escalas em países que não coincidiam com a nacionalidade de exilados. Tanto é que o nosso só parou na Argentina. Depois chegamos em Genebra.

Vocês tinham alguma referência na Suíça?

Não. Eu só conhecia a Suíça da época de atleta, quando eu disse assim: "Nesse país eu não vou morar nunca". Sabia que o chocolate era bom, sabia que o vinho era muito bom, sabia que os suíços eram chatos... Que depois eu vim comprovar que não são. A gente desembarcou em dezembro de 1973, já no final de outono, início de inverno; não tinha um agasalho, não tinha nada; estava com a roupa do corpo. Eu e o João escolhemos a Suíça francesa, até porque eu havia aprendido a língua no colégio. E nós acabamos ficando em Lausanne. Houve um grupo de brasileiros que ficou lá na montanha, em Glyon. Eles tinham que pegar o teleférico, e como não tinham dinheiro para pagar, então não desciam, ficaram semi-isolados. Outro pessoal foi para a Suíça alemã ou italiana.

Lu e João Heredia, recém-chegados à Suíça, à beira do lago Léman, em 1974

QUEM RECEBEU VOCÊS?

A Cruz Vermelha, o Serviço Social e a Polícia de Estrangeiros de Berna, que é responsável pela chegada dos imigrantes até serem encaminhados para os destinos finais. Depois tudo descentralizava para as polícias de imigrantes municipais. Aliás, todo cidadão morador da Suíça tem a ficha no Controle dos Habitantes. Ficamos em um pequeno hotel à beira de um lago, era um lugar lindíssimo, maravilhoso... Descobri uma piscina e ia nadar, botar os bichos para fora, já que não fazíamos nada. Em seguida, colocaram um instrutor para nos ensinar a falar francês. Um argentino muito engraçado. E a primeira coisa que ele disse foi: "Olha, faz parte da cultura suíça tomar vinho nas refeições. Vocês podem pedir um copo de vinho pelo menos, no almoço e no jantar" [risos]. Aí começou a encrenca.

Reivindicamos nosso direito e a dona do hotel a retrucar. "Não, não tem nada de vinho". Em represália, demitiu uma funcionária, alegando que seríamos responsáveis pela arrumação e limpeza dos banheiros. Aí eu e o *Guru* encabeçamos um movimento de protesto. No fundo, o que eles queriam era uma transição tranquila de indivíduos bem-comportados, bem quietos, maravilhados com a riqueza da Suíça. E a gente, "espírito de porco", não ia deixar barato. Repassamos nossa contraproposta para as assistentes sociais, que ou bem a gente administrava o hotel e cuidaríamos de tudo, ou bem ela que recontratasse a funcionária. E ganhamos a parada. Imagina se saberíamos administrar a cozinha daquele hotel!

E depois, vocês começaram a trabalhar?

Ainda não. Uma vez, por ordem da Cruz Vermelha, cismaram que o exame ginecológico era obrigatório. Colocaram uma enfermeira tipo Gestapo, loura, linha dura. Ela andava pelo corredor do hotel assim: "Tem que tomar pílula. As mulheres têm que tomar pílula. Não podem engravidar". Vai um dia, uma chilena, casada com um velho jornalista comunista, se recusou a tirar a roupa para fazer o exame. Ela dizia: "Isso é uma indecência". Quando eles conseguiram colocar a mulher deitada para o exame, ela armou um *quizumba*: "Isto daqui é um paraíso indecente!"

Recebíamos uma ajuda semanal mínima, que nós, brasileiros, fazíamos uma caixinha para priorizar as emergências de cada um. Havia por exemplo um fundo para a compra de cigarros, que era dividido igualmente pelos fumantes. A partir daí, já cansados dessas coisas, começamos a nos mobilizar para as reivindicações específicas, em torno de questões como trabalho, acesso à faculdade para os estudantes e vales-transporte. Porque havia uma diretriz de que os homens deveriam trabalhar em fábricas determinadas pelo Serviço Social.

E como essas reivindicações foram recebidas?

Daí nós solicitamos uma reunião com autoridades do governo federal. Juntamos representantes de exilados de todos os cantões da Suíça e encaminhamos a reivindicação de que os jovens tinham direito a estudar. O governo não aceitou e manteve a determinação de que eles, antes de estudar, deveriam trabalhar por seis meses. Toda essa movimentação começou a chamar a atenção dos meios de comunicação, e começaram a sair na imprensa versões contraditórias, ora registrando que o governo não estava atendendo aos refugiados, ora que éramos um bando de anarquistas... No final das contas, o trabalho em fábricas durou só uns três meses. Em seguida, os estudantes foram selecionados para curso superior ou técnico profissionalizante. Os diplomados, que éramos muito poucos, foram encaminhados para entrevistas profissionais.

"Então, pela primeira vez,
começo a trabalhar com questões
relativas ao microurbanismo"

A ESTABILIZAÇÃO VEIO QUANDO?

Aos poucos a gente foi se acertando, sendo que a maioria foi ficando nos cantões de origem... O grupo de brasileiros se dividiu entre Lausanne e Genebra. Recebi quatro propostas de emprego. A mais interessante foi para fazer o projeto de transporte viário de Lisboa, que eu acabei não aceitando por não me sentir segura para morar em Portugal: o meu passaporte era de exilada e temia ser extraditada para o Brasil, porque ainda era a ditadura salazarista. Acabei ficando na prefeitura de Lausanne, quando o diretor do Serviço de Urbanismo, filiado ao Partido Socialista Suíço, me disse: "Olha, o Plano Diretor da Região de Lausanne está feito, e a prioridade é a aplicação das diretrizes do plano para o desenvolvimento urbano local. O seu currículo me permite a sua contratação".

Foi daí que comecei a trabalhar com microurbanismo. Os arquitetos e desenhistas da prefeitura me deram todo apoio. Eu passei a lidar com projetos de renovação ou reestruturação urbana ao nível de quarteirões, nos quais incluía a definição de regras de uso do solo ou a mudança do mesmo. Em cada projeto era preciso definir volumetria de cada imóvel, circulação, lazer, paisagismo e tudo o mais. Mesmo que

Reforma da passagem subterrânea ligando os dois níveis da escadaria do mercado. Suíça, 1975

fosse construção de um só imóvel, se fazia um protótipo com todas as normas construtivas e os indicadores urbanos para toda a quadra. O bom é que trabalhávamos sempre com base em maquetes. Tenho alguns projetos executados lá. Lausanne está situada em área de encosta.

Esses projetos eram apresentados à população?

Cada projeto novo não levava menos de um ou mais anos para ser aprovado tecnicamente: primeiro, por todos os serviços municipais afins; depois era encaminhado para a aprovação no âmbito do plano diretor do cantão (equivalente ao estado). Atendidas as eventuais exigências, era submetido ao Conselho Municipal (equivalente à Câmara dos Vereadores). Finalmente era exposto ao público, durante um mês, para que fossem encaminhadas moções, de aprovação ou não, de indivíduos ou grupos organizados. O projeto urbanístico era bastante amarrado, deixando para o arquiteto propor o partido arquitetônico. O arquiteto poderia recorrer a outras instâncias da sociedade, através de moções. Alguns projetos podiam ser arquivados temporariamente por causa da pressão popular. Cabe dizer que esse processo intrincado acontecia mais em áreas de alto interesse político ou econômico. O mais incrível é que, na grande maioria das vezes, se chegava ao consenso.

E o papel do prefeito? Ele faz o quê?

Cada município é dotado de uma autoridade deliberante, o Conselho Municipal ou o Conselho Geral, através do voto direto e de uma autoridade executiva: a prefeitura. O conselho nomeia o prefeito de acordo com partido vencedor da eleição ou pelas composições políticas realizadas. As prefeituras são autônomas na gestão de domínio público e patrimonial: a administração da cidade, a fixação de taxas e impostos, o desenvolvimento urbano, a ordem pública e as relações intermunicipais. Esse sistema é interessante porque também não deixa de usar instrumentos políticos para decisões coletivas sobre a cidade. Não tenho dúvida que a minha experiência na Suíça teve influência depois, já no Brasil, no Mutirão, no Favela-Bairro e na Célula Urbana.

Lu Petersen: militância, favela e urbanismo

"E tinha uma coisa: quanto mais você se integrava, mais era 'certinha', mais 'nego' te obrigava... os tais dos deveres"

E A ATIVIDADE POLÍTICA? COMO ANDAVA A MILITÂNCIA?

Juntamos os exilados e criamos a frente latino-americana de combate à ditadura. Com apoio dos partidos de esquerda e de outros grupos progressistas organizados, desenvolvemos várias atividades de combate às ditaduras do Cone Sul e, em particular, contra a ditadura de Pinochet no Chile. Depois criamos o Comitê Brasileiro pela Anistia, cuja direção era suíça. Conseguíamos recursos promovendo festas, e a nossa prioridade era ajudar os presos políticos em Itamaracá que não podiam pagar advogados.

Tem uma história do Comitê Latino-Americano que é hilária... Certo dia conseguimos uma barraca, em meio a uma festa de rua. Bem na nossa frente, alguém teve a triste ideia de colocar uma barraca dos nazistas, com suástica, bandeiras, e aquele negócio todo. Aquilo não prestou. Na nossa cabeça era provocação. Naquela situação, você começa a inventar mesmo, e vêm as preocupações com as perseguições políticas. E então pegamos um daqueles meninos de lá, "cobra criada", para desligar a luz sem que eles percebessem. Com as luzes apagadas, os nazistas, que também não estavam se sentindo muito bem ali, foram embora, sumiram dali [risos].

E O CASAMENTO?

A relação com o João Heredia não resistiu ao exílio, embora continuássemos a manter relações supercivilizadas. Em 76 eu conheci o Cristiano Petersen, que tinha vindo da Argentina porque estivera envolvido com o Exército Revolucionário Popular. Quando a coisa começou a pegar lá na Argentina, ele foi para a Suíça, e eu me encantei com ele. Por sinal, ele faz um churrasco argentino maravilhoso! Foi com os churrascos e com as festas que conseguimos consolidar o comitê. Botamos um

46

bloco nas ruas de Lausanne, e a população parada, e alguns entrando para sambar... foi muito *legal*. Toca um cassete de batucada numa festa e um suíço começa a baixar o santo, um inglês resolve pular pela janela e quebra a perna lá fora... Nesse meio de tempo, chega a polícia e manda parar a festa. Os suíços negociam para continuar até as quatro horas. E, de repente, apagamos as luzes. Pronto. Teve que acender porque tinha uns gringos baixando o santo [risos]. É bom frisar que não teve consumo de drogas. Olha, o que tem de história dessas coisas...

Com tudo isso, a gente se relacionava com muitas pessoas, e aí me vem à cabeça um caso interessante, de um operário chileno cujo filho, Germinal, era nosso conhecido.

Que história é essa?

Era um velho militante operário anarquista, vinculado ao Partido Anarquista Chileno. Quando houve o golpe, ele foi para a Argentina. Depois, quando a situação se deteriorou lá, ele teve de ir para a Suíça. O velho chegou lá bem *pra* caramba. Com o tempo, o velho foi definhando de tristeza. Saudade do Chile, da *latinidad*. Um belo dia, ele falou para o filho Germinal: "Olha, no meu enterro quero que você toque o hino da Internacional Anarquista e a canção das minas de cobre", que é uma espécie de hino dos trabalhadores chilenos. Depois disso ele morreu. Quando eu chego no cemitério, veio a proibição tocar o hino escolhido. Então só tocou a canção dos mineiros. Aí... paciência, não é? Não pode tocar, não pode tocar. Quando estávamos saindo me aparece um policial suíço com aquela capa preta e chapéu, e

Lu e Cristiano Petersen, 1977

diz: "Vocês não vão tocar nenhuma internacional aqui. Não vão fazer disso aqui uma manifestação política". Eu tratei de responder: "Olha, não se preocupe porque ele já foi cremado. Agora, é incrível a gente não poder sequer fazer uma homenagem ao falecido". Essa história foi parar no Conselho da Cidade. Então eles, com a pressão da mídia, aprovaram uma lei que permitia tocar qualquer música — hino anarquista, hino comunista, com exceção de canções pornográficas. Aí eu fui saber da história.

E QUAL FOI?

Um poeta suíço pediu a um bardo que recitasse poesias musicadas no enterro dele. E o bardo foi recitando aquele negócio em cima do caixão, cantando altas canções pornográficas. Isso aí não pode até hoje. Quer dizer, eu conto isso para mostrar como funciona a cabeça deles. É interessante, é muito interessante porque esse incidente virou lei no país. Mas o que mais me tocou nessa história foi a morte de um companheiro por nostalgia.

VAMOS VOLTAR AO TRABALHO DO COMITÊ. ELE CONTAVA COM APOIO DA SOCIEDADE SUÍÇA?

Os partidos de esquerda, organizações diversas e algumas pessoas nos apoiaram. A presidente e demais diretores eram todos suíços. O nosso comitê era manso, até porque, naquela conjuntura, já tínhamos aprendido que não se levava nada no grito. Nesse meio de tempo fomos avisados que o Mário Simonsen ia fazer uma viagem sigilosa à Suíça, e resolvemos preparar alguma coisa para ele. A madame Perrault decidiu entregar umas flores para o Mário Simonsen. Choveu a imprensa, porque o presidente de um comitê brasileiro ia entregar umas flores para um ministro da ditadura. Encheu de jornalistas. Ela entrou na reunião com aquele jeitinho inofensivo de suíça: "Ministro, eu vim lhe entregar umas flores em homenagem aos mortos e torturados pela ditadura". Os grandes banqueiros e a imprensa toda lá dentro... Olha, foi uma confusão do arco da velha.

Exílios

E como andavam as discussões políticas entre as esquerdas brasileiras?
Lá na Suíça havia as eternas divergências entre nós e os exilados de outros países, e as eternas divergências dentro da nossa própria esquerda. Mas o importante era manter a chama viva. E o comitê acabou se esvaziando quando começaram as mobilizações pela anistia aqui no Brasil.

E o contato de vocês com os exilados de outros lugares da Europa?
Vez por outra nos juntávamos a outros grupos de exilados naquelas reuniões infindáveis em Paris. Eu pegava o trem em Lausanne às oito da noite e chegava em Paris lá pelas sete da manhã. Daí, a gente se enfurnava em uma sala da Universidade de Nanterre no sábado e domingo, um frio danado, e o pau quebrava. No final, não se decidia nada, rachava tudo... Em 1978, o Brizola procurou a gente, por intermédio do Lysâneas Maciel, para que nós apoiássemos a Carta de Lisboa. Pelos argumentos dele nos parecia que a ideia de fundo era a recriação do PTB. Nós não aceitamos.

Vocês chegaram a se deslocar para Portugal nessa época?
Estivemos lá nos tempos da Revolução dos Cravos, para curtir Lisboa e um momento raro de mobilizações políticas, eventos artísticos, enfim, as agitações de pós-ditadura. Costumavam ser, também, épocas de grandes efervescências, da mesma forma que acontecem antes das ditaduras. Lembro-me bem do clima do Brasil, do Rio de Janeiro, nos anos de 60-64 — cinema novo, teatro de vanguarda, CPC da UNE... No Chile, era uma movimentação muito grande, muita coisa, muita criação, muita discussão, muita conversa, aquelas manifestações descomunais... Fidel Castro falando no estádio, e todo mundo: "Ah!..." [admirado]. A ponto de a gente ficar atrás do jipe do Fidel, correndo, desesperado, querendo conhecer o Fidel... Recompor essas situações é muito difícil... Acho que você só compreende se viver a situação... Por exemplo: eu não

tenho como contar o que acontecia no Chile culturalmente, porque era tanta coisa ao mesmo tempo...

Diante de tudo que você contou, como avalia a experiência na Suíça?

A integração não foi fácil, deu muita mão de obra me fazer respeitar, não só no campo profissional, mas também como indivíduo. Se eu deixasse, ia degringolar num paternalismo de passar a mão na cabeça da coitadinha da lourinha tão bonitinha, mas exilada. Eu discutia com o pessoal do trabalho, mas com o devido respeito. Sempre me apoiaram, não só como uma arquiteta urbanista, mas como uma pessoa que tem uma vida a respeitar. Tanto é que eu sempre disse para eles: "O dia que eu puder, eu vou embora da Suíça. Agradeço profundamente, mas o meu lugar é no Brasil". Eles não gostaram nada quando resolvi voltar; achavam que eu estava integrada ao clã e que, na hora, eu não largaria um belíssimo de um emprego, com bom salário...

Nessa época, você ainda estava casada. Seu marido estava de acordo com o retorno para o Brasil?

Ele estava com tendência para ficar lá. Mas eu estava com a ideia fixa de voltar. Quando eu saí do Brasil, achei que ia passar, no máximo, seis meses no Chile. Foi um erro brutal de avaliação.

Você foi anistiada em 1979?

Não, porque o meu processo era por crime militar. Isso fez com que minha mãe tivesse de reabri-lo em Brasília. Como o processo era fajuto — porque foi montado com base em uma foto xerox do Congresso de Ibiúna — fui absolvida por sete a zero. Era a hora de voltar!

Você volta para o Brasil sem nada certo em termos profissionais?

Nada. A saída de lá foi complicada. E tinha uma coisa: quanto mais você se integrava, mais era "certinha", mais "nego" te obrigava... os tais dos deveres. Eu tinha uma *caísse de pension*, referente somente às contribuições que fiz, até chegar a paridade de salário com arquitetos suíços. Quando eu resolvi voltar, quis levantar esse dinheiro, e o Serviço de Assistência Social de Lausanne não quis liberar, alegando que eu ia gastar tudo no Brasil e depois voltar para lá. Eu contrapunha que estava com o imposto de renda em dia, enfim, quites com os meus deveres de cidadã. Foi mais uma briga danada para conseguir resgatar esse dinheiro. Depois descobri que essa lei seria revogada em 31 de dezembro, e que eu teria o dever de acatá-la de antemão. Esse fundo foi investido na finalização e decoração da casa que a minha mãe e minha irmã estavam construindo para mim em Piratininga — Niterói. Lá, eu iria reconstruir minha vida pela terceira vez.

Lu com o filho
Duca, 1978

Mutirão

"Eu achava que tinha que voltar do exílio e mexer com favela"

FALA UM POUCO DO RETORNO AO BRASIL. Viemos para o Rio com o meu filho Carlos Eduardo, que tinha um ano e oito meses. Fiquei uns dois meses na casa da minha mãe. Depois fomos para Piratininga, e eu naquela linha suíça: o meio ambiente, aquelas praias maravilhosas da Região Oceânica de Niterói... Era mato e poucos vizinhos. Era uma fase de criança pequena em casa, de fazer novos amigos, muito churrasco na varanda de casa e muita festa.

VOCÊ E O SEU GRUPO CHEGARAM A PARTICIPAR DA CAMPANHA DO BRIZOLA? A minha ideia era ir para o PT de Niterói. Mas eu achei uma coisa muito estudantil, 68 demais... A conjuntura política é de fim de ditadura, população eufórica, comício das Diretas Já, eleições diretas para governadores. O Leonel Brizola, tendo perdido a sigla PTB, cria o PDT filiado à Internacional Socialista e é eleito em 82, com uma nítida liderança nas camadas pobres da população. Votei no Brizola como uma alternativa promissora.

O programa de governo do Brizola situava como prioridade o reconhecimento das favelas e loteamentos irregulares como parte integrante da cidade. No início de 83 é lançado o primeiro projeto-piloto de Urbanização Integral do Cantagalo, Pavão e Pavãozinho,[7] e o Programa

---

[7] O projeto de Urbanização Integral de Favelas foi lançado ainda durante a campanha eleitoral de Brizola ao governo do estado do Rio de Janeiro, em 1982. A meta era transformar as favelas em bairros populares integrados ao entorno urbano, sem, contudo, transformá-las em réplicas de bairros de classe média. As favelas Pavão, Pavãozinho e Cantagalo foram as primeiras escolhidas para serem urbanizadas. Pretendia-se que, em uma situação futura mais favorável política e economicamente, o modelo inovador de urbanização fosse levado a outras favelas.

Material de divulgação do Programa de Favelas da Cedae (Proface), 1985

de Favelas da Companhia Estadual de Águas e Esgotos (Proface).[8] A superintendente do Proface era a engenheira Maria Carmem Melibeu de Almeida, e a Coordenação de Obras era composta por outros profissionais da Cedae: os engenheiros Carlos Fernandes, Ney Homero, Flávio Moura, o arquiteto Reinaldo Ganimi. A equipe de assistência social de apoio acompanhava as obras e implantava a cobrança de água, sob a batuta da Maria da Penha Franco, de origem da Fundação Leão XIII, peça fundamental na época das remoções do Lacerda. Ela me contou que, quando tiraram a favela do túnel do Pasmado, tocaram fogo nos barracos de madeira e os ratos, sem ter o que comer, inundaram Copacabana [risos]. Eu achava que eu tinha que voltar do exílio e mexer com favela. Aquela coisa tinha ficado na minha cabeça desde a infância e do projeto Carlos Nelson... Em 83 fui falar com o presidente

---

[8] O Programa de Favelas da Cedae foi criado, em 1983, com o intuito de levar ou melhorar o saneamento básico de comunidades de baixa renda. O Proface tinha quatro frentes de atuação: melhorar as condições de saneamento de áreas com alguma infraestrutura; levar o saneamento básico para áreas desprovidas de atendimento; fornecer materiais e assistência técnica para a população ou qualquer entidade pública ou privada; e operar e manter os sistemas de bombeamento de água já existentes. Em 1987, o programa teve seu nome alterado para Prosanear, mas voltou à antiga denominação em 1991, mantendo-a até 1994.

Mutirão

da Feema,[9] o Armando, que participou com a gente no diretório estudantil da arquitetura. Era daquela geração de 1968.

ARMANDO? LEMBRA O SOBRENOME?

Ah, isso de sobrenome... Eu aprendi na militância que não se lembra de nome, sobrenome ou endereço, para preservar a segurança de todos. Acabei me lembrando, Armando Mendes. Então fui contratada para participar de uma equipe, com uma técnica da casa e mais três terceirizados, no projeto Eco-Desenvolvimento, que tratava basicamente de meio ambiente e saneamento básico em favelas e loteamentos. O projeto era em um pequeno loteamento com duas ruas que terminavam no rio Pavuna. Era um pessoal bacana. Fizemos várias assembleias e apresentamos um diagnóstico de desocupação e preservação das margens do rio, soluções de infraestrutura urbana e algumas ideias sobre regularização fundiária, porque era uma reivindicação dos moradores. De repente acabaram com a nossa equipe. Não sei se houve continuidade desse projeto depois, mas outros projetos continuaram sendo implantados em algumas favelas pela equipe da Feema.

Os prefeitos naquela época eram indicados pelos governadores. O Brizola nomeou o Jamil Haddad, que, por motivos que eu desconheço, foi substituído pelo Marcello Allencar no início de 84. Então, em setembro, eu procurei o Elinor Brito, que era o ex-líder do movimento do Calabouço, companheiro no PCBR e amigão desde o exílio. Ele era assessor especial do prefeito e me disse assim: "Ô Lu, eu posso te conseguir alguma coisa na Secretaria de Municipal de Desenvolvimento Social. Tem um projeto interessante em favelas". Topei de cara: "Vamos nessa!" A equipe do projeto Mutirão (não remunerado) era formada por cinco arquitetos e engenheiros trabalhando em dupla com cinco assistentes

---

[9] A antiga Fundação Estadual de Engenharia do Meio Ambiente foi extinta em 12 de janeiro de 2009, passando a constituir, com a Serla (Fundação Superintendência Estadual Rios e Lagoas) e com o IEF (Instituto Estadual de Florestas), o Instituto Estadual do Meio Ambiente (Inea). Suas antigas atribuições específicas eram licenciar a localização, instalação, ampliação e operação de empreendimentos e atividades considerados efetiva ou potencialmente causadores de degradação ambiental.

55

sociais, para executar redes de esgoto e drenagem em mutirões de fins de semana em umas 15 favelas. Fui contratada como arquiteta com outros novos técnicos para reforçar a equipe e ampliar o número de comunidades a serem atendidas. Uma garotada... O engenheiro Cléber Barbirato e eu éramos os mais velhos da equipe. O Mutirão não ia adiante porque poucas favelas se mobilizavam para trabalhar de graça, perdia-se muito material de construção. Também, como convencer as pessoas numa cidade como o Rio de Janeiro, que tem áreas de lazer à disposição, tem praia grátis, não é?

A secretária da SMDS era a assistente social Dilsa Terra. O Eloi Benedutti era chefe de gabinete e coordenador geral do projeto Mutirão. Escolhi três favelas lá, meio brabas. Eles não passavam contato algum. Então entrei na marra. Assumi as obras de esgotos e drenagem que já estavam em andamento nas favelas do Muquiço (em Deodoro) e Parque Unidos (em frente à favela do Acari). No morro da Pedreira (em Anchieta) iniciei também duas escadarias. Escadaria na época era um luxo porque facilitava em muito a descida de doentes, idosos... em macas ou em cadeiras. O projeto tinha um pequeno almoxarifado na Tijuca. Caramba! Era uma guerra, desde as seis da manhã, para conseguir material e transporte, que faltavam sempre. Mulher não tinha prioridade... Tive que botar muita banca!

Em fins de 1984 a SMDS organizou o I Seminário Mutirão-Rio, que virou um grande leilão ao distribuírem diplomas assinados pela secretária, dando direito a 200m de esgoto para umas 250 comunidades presentes. Cara, um leilão! Nesse encontro foi aprovado o pagamento das equipes de mão de obra, uma reivindicação das comunidades que coincidia com o ponto de vista dos técnicos. Na época do Natal a secretaria resolveu distribuir, entre as lideranças, umas sacolas com um peru e outros pro-

Rede de esgoto em execução – projeto Mutirão, 1984

Arquivo SMDS
Foto: Aurelino Gonçalves e Fábio Costa

dutos. Esse fato deu origem a uma história engraçada que eu não sei se cabe contar aqui.

CONTA. Tinha um montão de gente nos corredores, tinha engenheiro lá com três sacolas: "Tenho três perus para passar o Natal! Aí Lu, vai lá pegar..." Eu digo: "Eu não vou porque isso vai dar um bode!". Eu vivia articulando com o Cléber, que era brizolista e muito ligado ao deputado Amadeu Rocha, que, por sua vez, tinha se envolvido com a guerrilha de Caparaó. Olha só como é que esse mundo é pequeno. Então, nos entendíamos muito bem e comentávamos: "Dilsa vai cair..." Acredito que esses fatos culminaram com a saída dela em janeiro de 85. E ficou a história do "o peru da secretária" [risos]. Até hoje tem gente de favela que comenta comigo. É o humor típico dos cariocas.

Um fato importante a ser destacado é que os métodos adotados nesse seminário tinham clara conotação clientelista e eleitoreira de estabelecer compromissos irrealizáveis antes de criar as estruturas de gestão e obter recursos compatíveis com a ampliação das comunidades a serem atendidas. O Proface atuava de forma diferente, trabalhando organicamente, em parceria com associação de moradores. No entanto, era considerado, por equívoco de muitas pessoas, promotor de práticas populistas. A meu ver, o Proface realizava um trabalho conjunto necessário, porque o objetivo programático principal era de consolidar a cobrança das contas de água. Isso acontecia em assembleias muito complicadas, sobretudo pela resistência dos moradores em pagar taxas. Buscar inserir diretamente os moradores desde o início do programa foi uma forma inédita e inteligente de mobilização, principalmente porque havia lideranças que ainda tinham certa independência.

TINHAM, LU, INDEPENDÊNCIA?
Eu digo independência porque eles desconheciam o funcionamento do poder público. A favela, durante a ditadura, era um objeto não identificado; eles só entravam na favela para pegar subversivo ou armas. Isso

leva a um nível baixo de politização das favelas, que vai gerar mais tarde uma forte dependência do poder público. Loteamento irregular era diferente. Eles sabiam bem o que queriam e eram mais organizados. Então, o jornalista Pedro Porfírio foi nomeado secretário interino, substituindo a Dilsa. O Cléber foi indicado para superintendente de Desenvolvimento Comunitário do projeto Mutirão Remunerado. Ele me disse assim: "Eu tenho que botar nessa coordenação pessoas que possam ter liderança. Lu, você é porra louca o suficiente. Você topa encarar a Assessoria de Projetos e Estudos Comunitários?" Eu tinha um potencial de liderança na faculdade e tal... Então eu digo: "Vamos nessa". Eu achava que era por aí mesmo, entendeu, a festa é comigo mesmo. Era a volta à agitação, à criatividade, a experimentar coisas novas. O Cléber chamou o Teodoro Marconi, para assumir a Assessoria de Ação Comunitária. Começamos rapidamente a reestruturação do projeto. Os técnicos das zonas Sul e Norte continuaram trabalhando por lá. Criamos alguns critérios orgânicos de obras e de articulação com a participação comunitária e de outros órgãos públicos.

E nós mesmos recebíamos o salário como autônomos. Sempre atrasado. Coisa mesmo de doido! Organizávamos as assembleias gerais e eu supervisionava as coordenações de obras e participava das reuniões locais. Então a equipe trabalhava de segunda a segunda. Em muitas favelas, complementávamos com os mutirões de fins de semana, para reduzir os custos de intervenções. Assumi a coordenação do texto de estruturação do Plano de Trabalho 85. A linha básica era aumento de recursos para a contratação de técnicos, totalizando 30, inclusive para atender aos loteamentos irregulares da Zona Oeste, definir o escopo do projeto e construir mecanismos referentes à função social de obras, já que não dispúnhamos de estrutura técnico-administrativa para absorver aquele universo de promessas. Implantamos um controle de obras bem artesanal, em que o acompanhamento era feito em reuniões semanais de toda a equipe. O Cléber perguntava: "Favela tal... quantos metros executados?" Parecia uma escola. Eu tentava dar um conteúdo social naquilo, mas a turma só queria saber de obras. Cabia ao Fundo

Rio — Fundo Municipal de Desenvolvimento Social, órgão de captação de recursos e de gestão administrativa e financeira vinculado à SMDS — controlar, aprovar os relatórios e liberar os recursos. Era uma loucura porque faltava dinheiro para pagar a mão de obra. Ou então faltava material ou transporte. Isso tudo foi muito rápido. Mas, por incrível que pareça, apesar das dificuldades, conseguimos algumas melhorias, e a coisa foi avançando! Tanto é que em fins de 85 já estávamos trabalhando com umas 80 comunidades.

Panfleto de divulgação do projeto Mutirão, 1985

"Nós éramos um bando de malucos, entrando em favela e aprendendo a fazer obras com eles"

VOCÊS RECEBIAM APOIOS DE OUTROS ÓRGÃOS PÚBLICOS?

Tivemos o apoio do secretário de Obras do estado, Luiz Alfredo Salomão, e da Cedae, que ajudava com infraestrutura de transportes, materiais e cooperação técnica. Politicamente isso era possível, mesmo não sendo uma parceria oficial. A autorização para o projeto se resumia a um decreto do Tribunal de Contas do Município, que permitia a isenção de licitações de obras, justificada pela função de desenvolvimento social das intervenções. O Brizola causava assim um furor, porque os reservatórios d'água eram levados de helicóptero para o topo do morro. Economia no transporte de material e redução no custo de mão de obra. Uma visibilidade incrível!

QUANDO O PROJETO DO MUTIRÃO REMUNERADO PASSOU A TER VISIBILIDADE?

Demorou! Adquiriu uma visibilidade relativa a partir de 90. O importante é entender por que o político da bica d'água não conseguia faturar o projeto. O Mutirão, no que se refere à definição de prioridades e execução de obras, ficou relativamente preservado da intervenção política dos secretários.

MAS VOCÊ TINHA CLAREZA, NESSE MOMENTO, DE QUE HAVIA ESSE TIPO DE PRÁTICA DE CLIENTELISMO, DE COOPTAÇÃO?

Havia práticas de clientelismo na maioria dos órgãos públicos. Na SMDS ainda era discreto. Mas, na outra face da mesma moeda, deve-se levar em conta o aspecto educativo, o aprendizado de encaminhar reivindicações vinculadas ao escopo de projetos por parte das lideranças locais. Vale lembrar que era um processo construtivo em uma conjuntura política muito particular, em que a preocupação maior era recuperar o tempo perdido. Na realidade, as intervenções nas favelas deveriam ter acontecido no início da migração de famílias pobres de outros estados em busca de uma melhor qualidade de vida no Rio. Mas há que se reconhecer que essas iniciativas se transformaram em contribuições efetivas para a redução da pobreza. Abriram espaços para desdobramentos importantíssimos durante essas últimas três décadas. Ou seja, a experiência criou as condições de transformação de um projeto artesanal em um amplo programa de integração urbano-social das favelas: o programa Favela-Bairro. É a liderança indiscutível da cidade do Rio de Janeiro nesse processo, que terminou por contagiar o poder público e a população como um todo.

Porfírio deu autonomia a vocês?

Deu porque não havia como controlar a execução do projeto, estruturado numa confiança mútua entre as comunidades e técnicos, e a vontade de fazer as coisas corretamente. Por outro lado o Cléber e eu tínhamos a percepção de que uma estrutura de gestão de projeto inteiramente nova estava sendo criada. O Porfírio se centrava mais nas questões de recursos e custeios. Politicamente ele agia através da área social, principalmente as creches. Era o fim da política da bica d'água.

Do chaguismo?

Era uma prática de longa data... Que foi superada a partir do Proface.

E o Proface também tinha esse perfil mais avançado, como o Mutirão?

Era um programa de governo institucionalizado, com o desenvolvimento de projetos e licitação de empreiteiras. Fizeram obras na Baixada Fluminense, em Niterói e em outros municípios. Eles faziam muito sucesso nas favelas. Nós éramos um bando de malucos, entrando em favela e aprendendo a fazer obras com eles, e acertava daqui, a gente reclamava dali, e eles ficavam nos esperando com bolinho, com suco de caju... E aí a gente adquire uma intimidade muito grande com a favela. Fiscalizar e pagar a equipe de mão de obra, entregar o material, fazer tudo ao mesmo tempo... Não há como não conviver com o morador. Então você passa a ser muito respeitado naquele contexto... Era um perfil técnico que não visava faturar nada politicamente.

A equipe ficava em um salão que permitia uma interatividade incrível, inclusive com o resto dos técnicos da secretaria. As soluções eram passadas de boca a boca. Era, na realidade, uma universidade. E, como tal, era um grupo muito alegre e unido. Começaram a organizar as peladas, o que acabou em um time de futebol da SMDS. Festas juninas e de fim de ano eram sagradas. A partir de 89 em diante, as festas de Natal no clube da Cedae, em Itacoatiara, coincidiam com o meu aniversário; então, após o churrasco, sempre tinha uma esticada na minha casa, para tomar o "sopão", que só acabava nas altas madrugadas.

Por isso você fala em saberes locais?

Isso. É completamente diferente. Eu já andei muito por esse mundo, e acho que não tem precedente histórico. Dá até para entender por que o programa Favela-Bairro deu certo! É uma construção dialética do saber, que vai sendo assimilado através da prática e do conhecimento coletivo, que permite conceituar e teorizar um processo histórico, para voltar posteriormente a uma nova prática, bem mais profissionalizada e sofisticada.

Eram intervenções pontuais?

Eram obras pontuais, mas diversificadas em relação a cada favela.

Autogestão?

Não era autogestão. É como se tivesse um maestro por trás dessa história. Dizer que fui eu é um absurdo. Foi um negócio que se construiu coletivamente, de forma empírica, e que dificilmente vai se replicar na história do Brasil.

E o Marcello apoiava?

Claro. O prefeito tinha alta credibilidade e era muito querido nas favelas. Ele não vinha com o discurso político tradicional. Ele era o prefeito que as pessoas aguardavam e, em alguns lugares, tinha um ou outro morador que dizia: "Olha aqui, tem uma cachacinha que está na minha casa há 30 anos, prova e tal". Entende? E nós tínhamos um "baita cartaz" com ele.

A GENTE ESTÁ EM QUE ÉPOCA, LU?
Nós estamos em fins de 85, já na época da campanha, para a prefeitura, do Saturnino Braga, que era o candidato favorito. Aliás, tanto o Cléber quanto eu, ao acompanharmos a campanha eleitoral, tínhamos a sensação de que o Saturnino sairia do PDT.

E VOCÊ JÁ HAVIA FEITO O CONCURSO PARA A PREFEITURA?
Só fizemos o concurso em 87. Vitória das forças democráticas... Servidores estatutários!

HOUVE TENTATIVAS DE REPLICAR O MUTIRÃO EM OUTRAS CIDADES, OUTROS ESTADOS?
Na segunda gestão do prefeito Marcello Alencar tivemos duas experiências bem-sucedidas com Belo Horizonte e Vitória. Mas a gente só levava "pauleira" de todo mundo! Gente que não tinha a mínima ideia do que estava acontecendo.

"Uma referência de divergência, a mulher polêmica"

A POLÊMICA ERA EM TORNO DA TITULAÇÃO?
Pois é: ou achavam que não se devia fazer nada na favela, ou era a regularização fundiária e a famigerada titulação como ponto de partida. Os loteamentos irregulares queriam o título de posse, já que tinham comprado seus terrenos de loteadores irregulares ou clandestinos. Mas a favela não se interessava pelo assunto. No fundo, era a continuidade da política de remoções para conjuntos habitacionais

periféricos. Eleito o prefeito Saturnino Braga, vai o jornalista Maurício Azedo para a SMDS.

ELE MUDOU A EQUIPE?

Ele tirou o Cléber. Recebi uma carta me confirmando no cargo. Mandei a resposta dizendo que não ficava, porque ele teria entrado para dividir a equipe. Distribuí cópias para a turma toda. Olha que maluquice! Logo eu, que não tinha nada a ver com as facções do PDT. Mas o Maurício teve um papel importante.

NO PROJETO MUTIRÃO?

É, porque ele deu um bom reforço na estrutura do projeto. Contratou uma equipe de engenheiros florestais e agrônomos para o primeiro projeto de reflorestamento, implantado em 1986, em São José Operário. É um projeto sensacional, de recuperação de áreas desmatadas, o mais importante que eu conheço no mundo. Criou a coordenação de projetos, abriu mais dois almoxarifados nas zonas Norte e Oeste, institucionalizou a contratação de caminhões, ampliou as equipes e o número de obras. Contratou uma cooperativa de carros para os técnicos. Os técnicos gostavam dele.

E O PROJETO FOI PRESERVADO NESSE MEIO-TEMPO?

Cléber, Teodoro e eu fomos para o Proface por meio de um convênio de cooperação técnica. Fiquei lá um ano, estabelecendo a ponte com a SMDS. E na prefeitura era sempre: "Ah, é aquela turma de engenheirinhos de favela... aquela turma doida lá". O projeto foi preservado, mas era a obra pela obra. A qualidade era discutível. Virou uma máquina imensa com técnicos assumindo até oito a 10 obras de uma só vez. Muitas obras não se concluíam e o Mutirão continuava sendo um projeto informal.

Voltei em 87 e fui trabalhar com o Manoel Valim, velho militante do Partidão. Tive uma nova ideia de articular obras com reflorestamento. Maurício Azedo sai da SMDS e entra o Sérgio Andréia do PT, já confirmada a ruptura do Saturnino com o PDT. Eu disse assim: "Talvez eu consiga me entender com essa turma". Fui lotada num grupo social que era pura politicagem. É interessante que, já naquela época, você via a dificuldade deles em separar agitação e propaganda de gestão de fato. Não conseguiam transformar as coisas em ação concreta na secretaria. Uma proposta de urbanização de todas as favelas foi lançada pelo César Benjamin, mas não saiu do papel.

QUANDO FOI ISSO?
Foi em 88. A cidade estava um caos, porque chovia mais do que em 86. E, como sempre, não tinha nada a não ser parcas doações de roupas e comida! E eu acabei me desentendendo com o procurador da SMDS, antigo companheiro de militância no PCBR, por conta da inclusão de uma melhoria salarial, já autorizada pelo prefeito, por trabalharmos em área de risco. E nada do processo andar. É evidente que um passado de militância conjunta dava margem para falar diretamente com ele. Entrei na sala dele e disse: "Pô, Raimundo, desenrola isso aí! No Sindicato de Advogados você se posiciona sempre a favor da classe! E aqui, onde fica a sua coerência?"

No dia seguinte, um engenheiro veio me dizer que o *Diário Oficial* tinha publicado a minha transferência para a Secretaria de Obras. Fui para lá em 24 horas! Nunca vi um processo tão rápido [risos]. Lá vou eu atrás do Salomão, secretário de obras: "Eu não vou ficar naquilo lá". Vir de Piratininga até São Cristóvão para assinar ponto e voltar para casa? Ele falou com o Luiz Paulo Corrêa da Rocha, que já me conhecia da época do Mutirão. Ele me disse: "Posso conseguir um lugar na Secretaria Municipal de Urbanismo". Chego lá e fui parar na sala dos banidos. Em pleno governo Moreira Franco só tinha pessoal oriundo do estado e militantes do PDT na sala... O coordenador era o arquiteto João Sampaio, que acabou sendo prefeito de Niterói. Estava a Márcia Bezerra, da Cehab; a Maria de Nazareth Gama e Silva (a Nana), que tinha sido assessora do Darcy Ribeiro; a Verinha Malagute, que aparecia por lá também. Na falta do que fazer tentei ajudar no PEU da Rocinha...

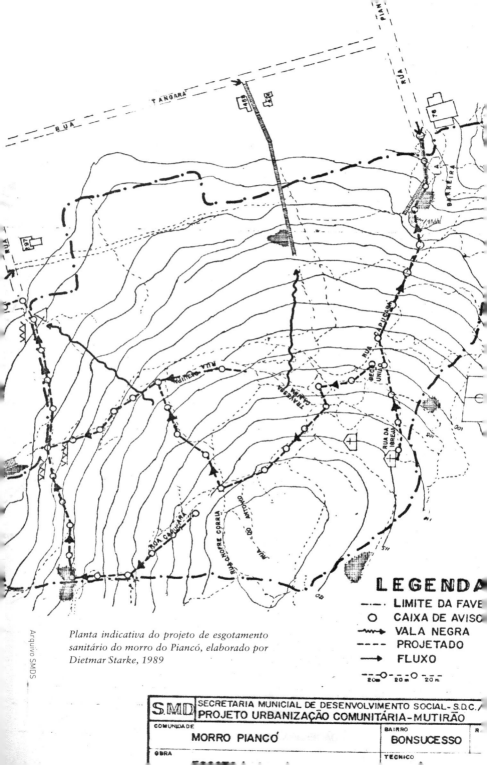

Planta indicativa do projeto de esgotamento sanitário do morro do Piancó, elaborado por Dietmar Starke, 1989

Então já existia uma diferença de concepção e de prática entre as pessoas que estavam envolvidas com o projeto Mutirão e esse pessoal que começa a fazer o PEU da Rocinha? Já. E eu, evidentemente, sempre metida nas discussões... inclusive na nossa equipe lá. Não tinha carro disponível na SMU. Daí houve um diálogo esdrúxulo. A arquiteta responsável me disse que não ia. "Podemos ir no meu carro", eu respondi. "Não, porque você vai dar um péssimo exemplo aqui dentro!" Aí eu dei uma gozada na garota: "Você não está é a fim de botar o pezinho na lama". E acabou que não deu em nada. Afinal, favela não era importante.

E com a eleição do Marcello Alencar houve modificações no Mutirão?

Em 1989 volta o Pedro Porfírio com o chefe de gabinete Manoel Valim, e eu desço para a SMDS. A oficialização da minha volta levou seis meses! Na reestruturação da secretaria foram criadas as superintendências de Assistência Social, de Projetos Sociais e a de Engenharia, Saneamento e Urbanização Comunitária (Sesuc), que trabalhariam em sistema matricial. Assumi a área de planejamento e orçamento. As obras não andavam, estava uma bagunça absoluta. Escolhi dois engenheiros a dedo, com perfil administrativo, e avançamos nos controles de gestão. Escrevi um programa mínimo — conceituando a articulação programática de obras, desenvolvimento social e o reflorestamento, priorizando a conclusão das obras mais adiantadas —, que foi aprovado pelo secretário.

No início de 90 fui nomeada superintendente da Sesuc. A coordenação de projetos desenvolveu três projetos-tipo para as creches, que se consolidaram já numa linha de adequação às necessidades da Superintendência de Projetos Sociais, composta por mulheres que conheciam profundamente as favelas também. Elas aperfeiçoaram a contratação de moradoras das áreas, criando uma metodologia de capacitação para a cogestão local das creches. Foram construídas umas 80 creches no total. Um recorde para a época. No morro da Formiga foi construído um sistema de esgotos dentro do rio, uma espécie de emissário, que canalizava o esgoto para a rede pública, e uma passarela com vão livre atravessando o rio. Aliás, essas obras se repetiam em outras favelas.

Já no Plano de Trabalho 86 foi estabelecido então o escopo de projetos e obras: a construção de redes de esgotamento sanitário e drenagem de águas pluviais; a humanização das vias de acesso com escadarias e pavimentações simples; e a criação de espaços destinados ao lazer, recreação e esportes. Competia aos técnicos avaliar as características das obras para melhoria da qualidade da construção, buscar vínculos mais próximos com a SMO e a Cedae, fortalecer as atividades com a área social da secretaria e a participação comunitária. Mas, assim mesmo, nos faltavam instrumentos importantes. Não digo que construí essas possibilidades, mas eu as organizei.

Era uma intervenção programada, planejada?

Na realidade essas intervenções eram realizadas muito mais por iniciativas de determinados técnicos e por necessidades imediatas de obras. As inovações foram acontecendo depois da chuva de 88, que foi calamitosa para a cidade. Já não era mais possível manter os custos de manutenção da cidade e os transtornos causados pelas enchentes. A prefeitura definiu prioridade total para programas estratégicos, objetivando a solução dos desmoronamentos de encostas e as reduções de enchentes. A Geo-Rio foi-se modernizando e tornou-se um importante centro de referência em geotecnia. Define-se um amplo programa de obras que, em sua maioria, envolviam as favelas. Pouco depois entram os garis da Comlurb para efetuar a coleta de lixo domiciliar em favelas. A partir de encontros em área com nossos técnicos, passamos a articular essas intervenções com o reflorestamento. Isso também permitiu o aprendizado de tecnologias para as situações diversas que exigiam obras de pequenas contenções. Começamos a abrir vias de acesso para microtratores, uma novidade implantada pela Comlurb. Era um conjunto de novos conhecimentos técnicos.

Essa proposta foi bem-recebida?

Foi. Havia engenheiros muito competentes, que tocavam grandes obras de saneamento em favelas e loteamentos nas zonas Oeste e Norte, canalizações de rios, inclusive no velho sistema de "gabião", barato e duradouro. O sistema de "gabião" vem da época colonial. É uma estrutura artesanal que dispensa o uso de concreto armado, funcionando como caixas, com pedras de mão de vários tamanhos dentro. Ao serem colocadas nas margens de rio em declive ou na construção de muros, funcionam como contenção. As diretorias de Drenagem e de Conservação abriam valas profundas e pavimentavam as ruas depois das obras.

Com mutirão?

Não. Mutirão era só nas nossas obras. A equipe de reflorestamento desenvolve um diagnóstico para a intervenção em favelas que contribuíam para as bacias da baía de Guanabara, Sepetiba e regiões oceânicas. Isso abre perspectivas para intervenções planejadas a partir dos maciços da Tijuca, Pedra Branca e Mendanha, áreas fundamentais para o controle do processo de erosão motivado pelos desmatamentos e proteção das cabeceiras de rio. As redes de esgoto eram em sistema separador absoluto, com as drenagens até os limites da favela com as redes urbanas. E, pasmem!... na malha urbana a Cedae depositava os dejetos nas redes de drenagem da prefeitura.

Em 1990, se não me falha a memória, o Valim teve uma iniciativa decisiva ao criar a Coordenadoria do

Esgotamento sanitário – projeto Mutirão, 1989

projeto de Educação Sanitária. Isso fecha então a metodologia de abordagem multidisciplinar das favelas. A coordenadora Sylvia Ripper, uma médica sanitarista inteligente, abriu uma seleção para agentes comunitárias em várias favelas e consolidou uma capacitação que botou todo mundo na linha. A metodologia se centrava em pesquisas socioeconômicas e no desenvolvimento de trabalho prático centrado no saneamento: incidência de diarreia e a redução da mortalidade infantil. As agentes faziam entrevistas familiares de casa em casa para repassar noções de higiene, fazer a pesagem de bebês e coleta de fezes, que eram enviadas para a Fiocruz. Conseguiram provar que havia redução na incidência de diarreia infantil. Faziam panfletos e cartazes bem rústicos para os encontros coletivos sobre educação ambiental. E foram adquirindo credibilidade a ponto de se transformarem em grupos de mobilização e organização da participação comunitária no nível do projeto como um todo.

Então escrevi, junto com a Silvinha e com o apoio de alguns técnicos, as teses do projeto de Urbanização Simplificada/Mutirão Remunerado. As teses estabelecem novos conceitos e metodologias de articulação multidisciplinar entre as funções de cada coordenadoria. Enfim, uma abordagem inteiramente inédita de integração de urbanização, saneamento, meio ambiente e saúde, que resultou no conceito de urbanização simplificada.

Escadaria, drenagem e esgoto – projeto Mutirão, 1989

Arquivo SMDS. Foto: Aurelino Gonçalves e Fábio Costa

Você tinha orçamento para isso?

Na realidade os recursos eram ali na conta. O mais importante é que o Mutirão aliava o baixo custo das intervenções por administração direta, o pagamento da mão de obra local, a prioridade para a conclusão das obras, a gestão do projeto estruturada pelas coordenações de técnicos internos da SMDS e os apoios voluntários dos outros órgãos públicos e privados.

E O TRÁFICO?

Ainda não era muito perceptível. Eu tinha uma intuição que aquilo ia ficar cada vez pior. Mas eles nunca perturbaram obras da gente. Mas naquela época... Até que deram um susto lá num engenheiro. Ele dava uma de "durão" com o pessoal da Nova Brasília. Os traficantes fingiram um sequestro dele, tivemos que ir lá... [risos]. É uma enciclopédia isso aí. Cada um tem muitas histórias para contar. O Escadinha era um parceiro.

DE QUEM?

Ele cuidava do nosso material de construção no morro do Livramento. Mas ele não andava armado — de dia, pelo menos. Era palmatória, era um "tapão". Educação ambiental "alternativa" que eu vi, na época, foi no Santa Marta. Estava um arquiteto nosso lá, dando uma bronca: "Eu faço a canaleta de drenagem aqui, vocês jogam lixo! É tudo porco!" Aí chega um cara: "O qué qui tá havendo aí, dotô?" "É que eles ficam sujando a obra". "Pode deixar comigo", foi a resposta. Aí o arquiteto: "O que é que você vai fazer?!" "Bem, primeira vez leva uns tapa. Na segunda, é tiro na mão. Na terceira, vira presunto!" O arquiteto dizia: "Lu, o que eu faço, meu Deus?" "Deixa rolar!", eu disse. Eu nunca vi o Santa Marta tão limpo, na minha vida [risos]. Um dia, um garoto foi querer tirar onda na Serrinha, já no início do Favela-Bairro. Estava lá com uma bermuda, sobe o morro, desce o morro, na frente de todo mundo, com dois "revolverzinhos" mixurucas... Daí a bermuda dele escorregou e apareceu a bunda. Foi uma gargalhada geral [risos]. Acabou a festa dele! Há pouco tempo eu vi um jardim plantado no espaço entre os trilhos do trem no Jacarezinho. Tinha uma placa com um recado: "Quem jogar lixo leva porrada". Estava tudo limpo, inclusive a estação.

Quando o Moreira Franco é eleito governador, em 86, lança como estratégia principal acabar com o tráfico em seis meses. Lá se vai o apoio às comunidades através de projetos sociais do governo Brizola; é a volta às velhas práticas da repressão. Cria-se um processo de acirramento de ação e reação entre o tráfico e os órgãos de segurança que vai se desenvolvendo de tal forma até chegarmos à situação que existe hoje. Você sabe o que era a favela para mim, na época da militância? Era o local da resistência em caso de insurreição armada na cidade do Rio de Janeiro, porque era propício à clandestinidade. A visão que eu tenho hoje, guardadas as devidas proporções, é de que são relações entre todos os envolvidos que portam armas, que se traduzem em comportamentos que são muito complicados e impenetráveis, porque são conhecidos pelas comunidades, mas não são divulgados. É o vale-tudo!

E A RELAÇÃO COM A SECRETARIA DE URBANISMO NESSA ÉPOCA?

Quase me escapa aqui a importância do secretário de Obras e Urbanismo, Luiz Paulo Corrêa da Rocha. Foi fundamental para nós.

HAVIA DISPUTA NOS MODOS DE CONCEBER AS INTERVENÇÕES?

Dentro da SMDS, não. As divergências vinham de fora e se centravam na questão conceitual e metodológica do Mutirão. Estruturei projetos de urbanização simplificada integrada no complexo do Caricó, na Penha, com seis favelas, e no complexo do Sapê, em Madureira, com cinco favelas, que já tinham obras em andamento de forma isolada. A grande inovação conceitual foi considerar que favelas eram "conurbadas", ou seja, elas criavam uma mancha compacta urbana, exigindo intervenções globais e integradoras dessas comunidades.

NESSE MOMENTO, ENTÃO, VOCÊ JÁ HAVIA SE TORNADO UMA REFERÊNCIA NESSA DISCUSSÃO, NÃO É?

Era uma referência de divergência, a mulher polêmica. Essa fama eu vou herdar no Favela-Bairro. Um dia eu estava num seminário na Câmara de Vereadores, com um pessoal de São Paulo, defendendo os conjuntos habitacionais legalizados. Então afirmei que a nossa prática era uma forma consistente de redução do déficit habitacional, já que proporcionava condições para fixar as favelas em suas áreas de origem. Não estava errada. Só que era uma nova abordagem. Mas a discussão pegou fogo! Tem outros exemplos.

MAS NÃO FOI SUA A PROPOSTA VENCEDORA NO FAVELA-BAIRRO?
Espera aí. Tem água debaixo desse angu [risos]. Aproveitando aquele momento do programa de Despoluição da Baía de Guanabara, em 90, convidamos alguns participantes da equipe do BID a visitar o complexo do Caricó. Ficaram realmente surpresos. Mas não foi adiante porque, pelas normas do banco, a cidade deveria ter um plano diretor (que só foi aprovado em 93) e os projetos e obras deveriam passar pelo processo de licitação. E eu pensava: "Empreiteira não bota os pés no Mutirão".

POR CAUSA DAS LICITAÇÕES?
Salvo raríssimas exceções, nós éramos um tanto ou quanto radicais e "principistas". Uma bobagem! Estruturamos o projeto de urbanização simplificada do complexo do Caricó, e agreguei também uma área do morro da Formiga para captar recursos no Ministério da Ação Social do governo Collor. Então, o Iplan (hoje IPP), com a Márcia Coutinho e equipe, fez o primeiro cadastro de favela através do levantamento aerofotogramétrico. Que era caro! Conseguimos de graça através da Aeronáutica. Daí foi possível apresentar as intervenções em plantas detalhadas de obras realizadas e realizar cronogramas físicos e financeiros. Essa iniciativa vai se desdobrar no Cadastro de Favelas do IPP, em 91. Foi aprovado com a liberação dos recursos a fundo perdido, o que quer dizer que não havia contrapartida nossa. A prestação de contas foi considerada exemplar, e o modelo foi adotado para outras cidades do Brasil.

Quando o Porfírio saiu da secretaria para se candidatar a vereador, entrou o Marco Maranhão, ex-militante do PCBR, ex-preso político e "banido". Para mim, foi o melhor dirigente que tivemos. Ele tinha clareza da importância estratégica do projeto e sensibilidade para se relacionar com os técnicos. O arquiteto Carlos Silveira fazia lindas aquarelas e entalhes, inspirados nas favelas e nas intervenções do Mutirão. Daí o secretário organizou, em 92, uma exposição com esse trabalho — "A arte de ver a favela"— que ficou muito linda.

QUAL FOI A ABRANGÊNCIA DO MUTIRÃO?

De 1984 até 1992 atuamos em umas cento e muitas comunidades, com infraestrutura urbana, creches e participação da equipe de educação ambiental em parte dessas comunidades. Reflorestamos áreas desmatadas com cerca de 200 ha plantados em 30 comunidades. Mas em muitas favelas não dava para concluir. Tem mais tempo de continuidade do Mutirão na gestão do prefeito Cesar Maia.

Favela-Bairro

*"O Mutirão é o DNA
do Favela-Bairro"*

VAMOS FALAR DA SUA INSERÇÃO NO PROJETO FAVELA-BAIRRO, E DAS LI-
NHAS DE CONTINUIDADE, CASO EXISTAM, ENTRE O PROJETO MUTIRÃO E
O FAVELA-BAIRRO. MAS, ANTES, GOSTARÍAMOS DE SABER SOBRE O PAPEL
DE VOCÊS NO PLANO DIRETOR. VOCÊS DEFINIRAM DIRETRIZES QUANTO À
QUESTÃO DAS FAVELAS?

Sim. Contribuímos durante a realização dos grupos de trabalho, formados a partir de 91, com diretrizes para a urbanização de favelas nas
áreas de meio ambiente, saúde e obras com dimensionamentos diferentes da cidade. A prioridade era a intervenção urbanística e social. Remoção só em último caso. Questão profundamente polêmica, inclusive
em nível internacional.

HOUVE EMBATE NA PREFEITURA EM TORNO DA IDEIA DA NÃO
REMOÇÃO?

Sim. Porque na prática conseguimos apontar novos caminhos para
a solução das ocupações irregulares, tanto as favelas quanto os loteamentos irregulares e clandestinos. Mas houve embates, claro, e não só
na prefeitura. O plano diretor foi aberto democraticamente à consulta
pública, tanto é que só foi promulgado em 93.

ENTÃO O MODELO DO FAVELA-BAIRRO JÁ EXISTIA?

Existiam as premissas básicas. Em fins de 92 foi feito um documento, com apoio de dados fornecidos pela equipe e assinado pelo secretário Marco Maranhão, servindo de base para o I Seminário sobre Áreas
Favelizadas e Meio Ambiente: Contribuição para uma Proposta de De-

senvolvimento Urbano.[10] Fiz uma palestra sobre os projetos de urbanização simplificada em complexos de favelas e formamos grupos temáticos de discussão dos caminhos de intervenções de desenvolvimento urbano, social e prestação de serviços em favelas. Tudo isso veio a contribuir para a proposta do Favela-Bairro. Eu considero, modestamente, que o Mutirão é o DNA do Favela-Bairro. As etapas históricas de implantação do programa Favela-Bairro foram amplamente divulgadas; então vou falar de forma simplificada sobre a mudança de um projeto desenvolvido com características informais para uma nova fase de institucionalização, profissionalização e abrangência no nível da prefeitura. Mesmo porque uma boa parte desse processo já foi relatada em muitas outras publicações.[11]

E COMO FOI A TRANSIÇÃO PARA A GESTÃO DO CESAR MAIA?

A eleição do prefeito Cesar Maia, em 92, foi uma grande novidade. Quando veio o resultado do primeiro turno, daí sim, junto com o Marco Maranhão e nossa equipe, "caímos firme" em uma campanha eleitoral pela primeira vez.

---

[10] O I Seminário sobre Áreas Favelizadas e Meio Ambiente: Contribuição para uma Proposta de Desenvolvimento Urbano ocorreu no ano de 1992, às vésperas da Conferência Rio-92. Formulado pelo secretário municipal de Desenvolvimento Social, Marco Maranhão, faziam parte de sua pauta de discussões os problemas ecológicos e a questão da formação de cidades com ampla população marginalizada. Segundo o documento, o modelo econômico até então vigente deixava à sua disposição, mas vivendo em péssimas condições, amplas massas de mão de obra barata. O diagnóstico feito pelo secretário era de que esses contingentes populacionais construíam, então, casas sem qualquer padrão ou ordenação. Dessa forma, resíduos sólidos e líquidos eram vistos como frutos da violência cometida contra essas pessoas e contra o meio ambiente.

[11] Algumas publicações oficiais são: *Coleção Estudos Cariocas* — Síntese de avaliação do Programa Favela-Bairro: primeira fase — 1995-2000 (Estudo no 2.375); *Rio Estudos*, n. 165, jun. 2005 — Favela-Bairro: avaliação da primeira fase (Estudo no 1.504); *Coleção Estudos Cariocas* — O Rio de Janeiro e o Favela-Bairro. (Estudo no 2.350); Rio Estudos, n. 120, set. 2003 — *O Rio de Janeiro e o Favela-Bairro* (Estudo no 64). Todos esses documentos são acessados pelo site do Instituto Pereira Passos <www.rio.rj.gov.br/ipp/>. Para outras informações, ver BURGOS, Marcelo. Dos parques proletários ao Favela-Bairro: as políticas públicas nas favelas do Rio de Janeiro. In: ZALUAR, Alba; ALVITO, Marcos (Orgs.). *Um século de favela*. Rio de Janeiro: FGV, 1998. p. 25-60. Ver, também, CONDE, Luiz Paulo; MAGALHÃES, Sérgio. *Favela-Bairro*: uma outra história da cidade do Rio de Janeiro (1993-2000). Rio de Janeiro: ViverCidades, 2004.

Eleito Cesar Maia, a Laura Carneiro foi nomeada secretária da SMDS em 93. Após uma longa reunião de transição, fui exonerada por ela e substituída, assim de cara, pelo novo superintendente, que, ironicamente, tinha o sobrenome Petersen. Puxa, veio gente me perguntar se era meu marido! E lá vou eu, mais uma vez, para a coordenação de planejamento de projetos do Fundo Rio, cujo responsável era o Jorge Rodrigues. Com o apoio da Coordenadoria de Projetos estruturei mais dois projetos com obras de saneamento no Jacarezinho, construídas por empreiteira, e um projeto-piloto, o Programa Especial de Saneamento da Zona Oeste (Peszo), de tratamento de esgotos com filtro anaeróbico nas cinco comunidades da Zona Oeste com Mutirão. Ambos aprovados pelo Ministério da Ação Social.

O programa de governo do prefeito já vem apontando para uma reviravolta nas estruturas de gestão municipal macrofuncional, abrindo caminho para um planejamento urbano integrador da cidade. De que eu me lembre, a proposta partia de princípios relativos à necessidade de promover a interação e o entrosamento entre os órgãos públicos do município, a imprescindibilidade de garantir a melhor utilização dos recursos humanos e materiais e maior eficiência na prestação dos serviços. Dentre as diversas macro-funções, duas me chamaram especial atenção: a de desenvolvimento urbano e a de políticas sociais, por motivos óbvios.

E O GEAP [GRUPO EXECUTIVO DE PROGRAMAS ESPECIAIS PARA ASSENTAMENTOS URBANOS]?

O Geap foi criado por decreto, em 1993, para estabelecer as bases da política habitacional da cidade do Rio de Janeiro. Nunca fomos chamados para participar das reuniões. Não sabíamos o que estava acontecendo. Então eu, enquanto assessora do Fundo Rio, e três coordenadores do Mutirão escrevemos o documento Urbanização de Favela, Participação Popular e Qualidade de Vida, relatando o processo evolutivo do projeto, e enfatizando a necessidade de integrar as políticas públicas direcionadas às favelas. O plano diretor dava um passo importante no sentido dessa integração ao declarar as favelas como "áreas de especial interesse social". Esse documento foi entregue ao prefeito, em reunião, da qual não participei, com a coordenação do projeto. O objetivo era a defesa do Mutirão, porque entretempo a SMO, ignorando o projeto Mutirão, havia lançado um programa de urbanização de todas as favelas do Rio. Em março de 94 toda a equipe e os projetos do Mutirão, ou seja, todos os conhecimentos adquiridos por nós, são transferidos para a recém-criada Secretaria Extraordinária de Habitação, tendo como responsáveis o secretário e arquiteto Sergio Magalhães e o subsecretário Jorge Rodrigues, que me chamou para a assessoria do gabinete. Estrutura-se a secretaria de acordo com as "bases da política habitacional do Rio de Janeiro", com seis gerências de programas. O secretário tinha dois candidatos a serem indicados para a gerência do programa Favela-Bairro Popular, que não aceitaram o cargo. Então fui eu a designada para o sacrifício, com apoio do Jorge Rodrigues. Na sala das gerências era tudo colado um no outro. A ponto de um gerente lá, arquiteto jovem recém-saído da faculdade, querer um lugar ao sol na janela só para ele, e eu dei uma bela bronca [risos]. Tomamos posse literalmente de um terraço que servia de área de aeração e insolação dos andares superiores do prédio, e dava acesso para as salas. Posso garantir que ali sim, nasceu o programa Favela-Bairro, ao ar livre, com uma pirâmide de vidro que iluminava os andares inferiores, bem no meio do terraço. Sinal de bons augúrios e transparência, porque as outras salas, inclusive a do secretário, podiam ver! Ali eu fazia reuniões da equipe toda, com comunidades etc.

E AS LIDERANÇAS DAS COMUNIDADES?

Elas reagiam porque tinham interesse em manter as equipes de obras de mutirão... Afinal, para eles era uma questão de poder. E eu pensava: "Vamos ter briga feia aí pela frente com a terceirização de projetos e obras". Em 94 lança-se o programa Favela-Bairro Popular, com diretrizes bem generalizantes. O sentimento que tivemos foi: está aí só por estar.

Então o prefeito lança o decreto de início do Favela-Bairro no complexo do Andaraí, uma encosta íngreme e acidentada com três favelas "conturbadas", a ser implantado já na estrutura macrofuncional, com

Reflorestamento – projeto Mutirão , s/d

a coordenação da Secretaria Extraordinária de Habitação, e gestão integrada com o Iplan, as secretarias de Obras e de Fazenda, e a Procuradoria Geral do Município. Eu pessoalmente teria escolhido alguma área menos complicada.

Começamos a ter dificuldades na fase de desenvolvimento dos projetos e obras porque envolviam pareceres técnicos e execução de projetos de diversos serviços da SMO, principalmente. Só que a SMO tinha prioridades mais imediatas... Em dezembro desse mesmo ano a Câmara de Vereadores aprova a oficialização da Secretaria Municipal de Habitação. O prefeito libera, depois, os recursos para a implantação do programa incluindo o Andaraí e mais 16 favelas que viraram 23 em função de outras "conurbações".

Então o mutirão se transformou no Favela-Bairro?

O Mutirão forneceu os insumos necessários para a estruturação do Favela-Bairro. Eram todas as funções que estavam naquele documento do último seminário: praças, áreas de esporte, iluminação pública, espaços públicos, abertura de vias carroçáveis, coleta de lixo e programas sociais... A equipe técnica foi ocupando espaços em todos os níveis da secretaria.

MAS QUEM DECIDIU, POR EXEMPLO, QUAIS SERIAM AS 16 FAVELAS CONTEMPLADAS COM A VERBA? QUEM DEFINIU COMEÇAR PELO ANDARAÍ?
Eu não tenho a mínima ideia. Reunimos técnicos da coordenação de projetos e obras e nossos aliados tradicionais. Foi montada a matriz classificatória de favelas coordenada pelo Fernando Cavallieri, que era da Secretaria de Fazenda, definindo o universo das favelas urbanizáveis, estabelecendo os critérios de pontuação para prioridade de inclusão de comunidades.

"Fomos botando na rua na marra... Agora vai!"

ENTÃO VOCÊS DEFINIRAM, COM AUTONOMIA TÉCNICA, A MAIORIA DOS PROJETOS?
Sim. Naquele momento estruturei uma equipe de 15 subgerentes de projetos, arquitetos e engenheiros, escolhidos a dedo. O secretário propôs uma consulta aos subprefeitos, que indicariam cinco favelas englobando todas as cinco áreas de planejamento da cidade. Nós priorizamos três de cada área. Foi uma ideia bastante democrática e eu achei legal, criativa... E nos garantiu depois apoio das subprefeituras.

Foi realizado, então, o concurso da Secretaria de Habitação e do Instituto dos Arquitetos do Brasil para selecionar as metodologias para o Favela-Bairro. Eu participei do julgamento e da escolha das metodologias propostas mais apropriadas. Só uns poucos arquitetos entendiam do assunto. Então juntei os subgerentes para adequarmos o perfil das propostas de cada escritório às características das favelas já escolhidas.

Bem, terminado o concurso, começaram as reuniões, com a intermediação do IAB e a participação direta dos escritórios já selecionados, para a definição da estrutura de funcionamento, critérios para a execução e aprovação de projetos etc. Reuniões cansativas que foram encaminhadas por alguns subgerentes e coordenadores. Eu não tinha paciência! Se eu disser que nós teorizamos isso, é mentira. Não tínhamos experiência nos trâmites formais a serem seguidos para aprovação dos projetos. Chega-se finalmente ao escopo do programa: critérios de aprovação de projetos e normas de apresentação de diagnóstico, planos de intervenções e projeto básico. Os nossos técnicos diziam que saíam discussões terríveis! Por iniciativa do Cesar Maia, foi criado o grupo das 16 lideranças. O G-16 foi o mais importante instrumento de socialização dos objetivos, etapas, métodos e repasses para todas as comunidades do programa, sobretudo aquelas que nunca tinham trabalhado conosco. Os planos de intervenção e o início de obras eram sistematicamente difundidos em assembleias locais. Quando começaram as visitas a obras, percebi que o prefeito tinha a percepção clara das vantagens e dificuldades enfrentadas, tomando decisões imediatas na indicação da SMO, por exemplo, para executar complementações importantes na interligação com os bairros com recursos próprios.

As intervenções aconteciam simultaneamente? Ou existia uma sequência?

Estabelecemos um cronograma bem enxuto com o Iplan, que assumiu a gestão administrativa dos projetos, através de reuniões comigo e com o subgerente de cada favela para fecharmos os termos da fiscalização, da aprovação de projetos e da efetivação de pagamentos. Fomos botando na rua na marra... Agora vai! Até porque tínhamos recebido uma provocação, que eu fiquei indignada.

Qual foi?

Convoquei uma reunião geral com os órgãos municipais afins para socializar os conceitos e metodologias do Favela-Bairro. Senti uma certa descrença dos participantes. Vem uma servidora da SME: "Ô Lu, você está maluca? Você não vai conseguir fazer isso nunca!" [risos]. Eu falei:

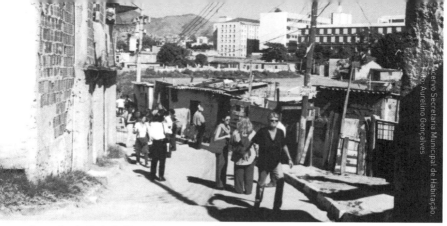

Lu na favela Dois de Maio. Sampaio, Rio de Janeiro

"Nós vamos fazer sim, senhora! Quer apostar?" O comentário geral dos nossos técnicos que estavam presentes: "Chega dessa história de 'engenheirinho' de favela, que nós estamos fartos disso". No final, isso deu gás para a turma!

Quanto tempo dura a intervenção em cada favela?

Depende muito dos graus de dificuldade. Com muito otimismo e boa interação entre os técnicos diversos e a comunidade, leva no mínimo um ano e meio. Mas, na realidade, tivemos que definir etapas de implantação em muitas favelas, porque sempre surgiam dificuldades técnicas e novas necessidades inesperadas.

Em que medida as obras dependiam dessa interação entre técnicos e comunidade?

Dependia da interação de todos os envolvidos. E aí começam as encrencas... Culturas diferentes... É evidente que em área saíam desentendimentos. Era uma confusão!

Iniciam-se as licitações de projetos das seis primeiras comunidades e assim por diante, até chegar ao total de 23. Lá vêm novas dificuldades de adaptação, agora com as empreiteiras. Poucas tinham experiência em áreas altamente densas de ocupação desordenada. Tínhamos em área os subgerentes, os nossos fiscais de obras, as agentes comunitárias e as lideranças locais. A SMO nos deu preciosas ajudas.

A turma segurando até quando dava; quando não dava, entra dona Lu aí para espanar, porque senão... [risos]. E assim surgiu a minha outra fama: a de "linha dura". Sobrava também para presidente de associação, traficante... Caramba! Mas também facilitava para o pessoal técnico e para as agentes comunitárias chegarem a acordos com todos os envolvidos. Com a complexidade e diversidade de interesses no programa, estou convencida que não tinha outro jeito. Até hoje vem gente que nem conheço dizer que levou bronca de mim!

Dizem que o Favela-Bairro não tem vínculos com a comunidade... É porque não precisa. Já estavam mais do que consolidados ao longo de oito anos.

O BID ENTRA QUANDO?

Naquele momento tínhamos um fortíssimo concorrente, que era o programa Rio Cidade, da SMU. O *must* da cidade, para a reestruturação dos principais corredores de transporte, ordem urbana com a retirada das barracas de camelôs, chumbadas nas calçadas do Centro, Copacabana, Ipanema, Leblon, Laranjeiras etc., fatos de que poucos se lembram. Nessa época trabalhávamos sem muitos ruídos. As negociações com o BID começam em fins de 94. Em 95 já tínhamos seis obras em andamento, que serviram como exemplo para a definição do escopo do programa. Jose Brakaz, um brasileiro inteligente e competente, funcionário do banco, coordenou uma série de missões. A nossa equipe tinha como coordenador de montagem dos componentes do contrato Fernando Cavallieri, que foi transferido para a SMH, e, como assessor imediato, o engenheiro Aderbal Curvelo, que me havia substituído na Coordenadoria de Planejamento do Mutirão.

MAS TEM PROTAGONISMO SEU DE BANCAR UMA IDEIA UM TANTO EXTRAVAGANTE, NÃO É?

Para a época eram ideias extravagantes, mas o fato é que desde o início, em meus primeiros relatórios, eu já afirmava que a estrutura do programa tinha caráter macrofuncional, articulando as intervenções físicas com a diversificação de programa sociais. Os dois teriam que caminhar juntos. Era a metodologia de gestão social do programa. E assim fomos amarrar o escopo do programa com o BID, não sem discussões acaloradas. Era coordenado pela SMH com a coparticipação da SMDS. Eu era a coordenadora dos componentes conceituais e metodológicos, que eram na realidade um dos objetos principais do contrato. Tive que firmar posição quanto a algumas premissas, como a regularização fundiária após as obras, formas indenizatórias para o reassentamento de famílias por necessidades de obras, a construção de edificações habitacionais só em último caso, e outras.

Na área social, os acordos foram mais difíceis. O BID insistia só na construção de creches e na troca da gestão participativa da SMDS com a comunidade por ONGs. E nós contrapúnhamos com a importância de diversificar os programas sociais, construir centros comunitários e espaços destinados aos esportes. Nada de ONGs. Foram reuniões muito cansativas e tensas. Mas dava para perceber que a prioridade deles era execução da obra. Prevaleciam os indicadores sociais quantitativos.

Finalmente foi aprovado o Programa para Regularização de Assentamentos Populares (Proap Rio/BID) em fins de 1995, incluindo as primeiras 23 favelas e mais 40. Os legados importantíssimos deixados pelo BID para nós foram, de um lado uma estrutura profissional de gestão criada na SMH, com o apoio na contratação de três consultoras que vieram a reforçar a escassez de funcionários para atender às normas do contrato e para arcar com a diversidade de projetos. De outro lado ficou a sistemática de fiscalização de projetos e obras, que se traduziu na construção de um caderno de encargos completíssimo para programas em áreas de pobreza, perfeitamente adaptável aos projetos de desenvolvimento urbano, inclusive em pequenos municípios.

No decorrer desses anos houve um desenvolvimento significativo quanto à regularização e titulação da posse da terra. Na secretaria avançam, posteriormente, mais programas importantes. Um deles, que vale destacar, é o programa Morar Legal, de urbanização de loteamentos irregulares e clandestinos, incluído no Proap. A Gerência de Regularização

Fundiária viabilizava indenizações e reassentamento de famílias, dando uma solução importantíssima para os programas afins da secretaria. Havia também o Morar Sem Risco, que teve como resultado mais imediato a remoção de todas as famílias que vivam sob os viadutos da cidade, reassentadas em conjuntos habitacionais próximos àquelas áreas. O Novas Alternativas entrou com a restauração de cortiços adaptados para moradia popular e, finalmente, o Morar Carioca, que era de construção e financiamento de habitação popular. Com tudo isso, a SMH se consolida como uma secretaria com grande visibilidade e realizações, com prioridade nítida para as áreas de pobreza. Há que se reconhecer que o secretário Sergio Magalhães foi um gestor eficiente e eficaz.

QUANDO O PROJETO PASSA A TER UMA REPERCUSSÃO MAIS AMPLA? INCLUSIVE FORA DO BRASIL?

Em 96 o arquiteto Luiz Paulo Conde é eleito prefeito, em função da alta popularidade do Cesar Maia. A SMH passa a adquirir uma certa visibilidade, que se amplia muito com a presença do BID. Com recursos fixados, não havia grandes dificuldades para a adesão de novos órgãos públicos ao Favela-Bairro, exceto a SMU. Muitas entrevistas e programas na mídia dão origem a atividades de coordenação de encontros técnicos, visitas de delegações de várias partes do mundo, coordenadas pela equipe da gerência. A comunicação social passa a ser bem incrementada com recursos alocados para propaganda. Já em 98 é lançado um boletim interno, os *Cadernos da SMH*, que focalizam os fatos mais importantes da semana. Durante a realização da Conferência da Cimeira,[12] nesse mesmo ano, a prefeitura criou um ponto de informações e marketing no MAM, com uma exposição, distribuição de materiais e um vídeo de boa qualidade. Realizamos visitas, com grupos de mais de 100 jornalistas de todo o mundo, ao morro da Serrinha. Alguns grupos prolongavam as visitas se reunindo em bares, com os moradores, organizando pagode

---

[12] Ocorreu, em 1999, a Cimeira União Europeia — América Latina e Caraíbas, no Rio de Janeiro. O foco das discussões era ampliar a cooperação política, econômica e cultural entre a União Europeia e os países latino-americanos.

até a noite. Depois passamos a organizar visitas turísticas e técnicas no Vidigal, em função da bela vista da Zona Sul. Foram grupos e mais grupos. Aliás, o Vidigal vai ser mais tarde o embrião da ideia do Museu da Providência. Depois eu conto.

Em 1997 eu tinha ido fazer o curso de gestão de programas sociais do Instituto de Desenvolvimento e Estudos Sociais do BID. Os professores e alunos simplesmente não davam a mínima para o Favela-Bairro: "Quem é essa brasileira aí?" Era tudo *pablito* [risos]. Foi um curso extremamente cansativo, que durou um mês, em Washington. A minha relação social com os alunos era ótima porque nos fins de semana nos reuníamos para ouvir música, tomar cerveja e bater papo, dar umas saídas turísticas. Uma vez fomos ver a festa do Halloween. Coisa estranha, aquelas fantasias, que não metiam medo nem em criancinha... Já os diálogos com os professores eram difíceis. Arrumei confusão lá por causa da participação comunitária, porque fui indicada para apresentar uma proposta que, evidentemente, não tinha nada a ver com a tese deles de trabalho voluntário nos fins de semana! Deu encrenca também na montagem do marco lógico de programas. Eu dizia: "Bom, marco lógico você manipula como quiser".

O QUE É MARCO LÓGICO?

Supersimplificando: o marco lógico é uma metodologia que discrimina os componentes para a avaliação e monitoramento de programas através do cruzamento de dados em um sistema matricial para cada instituição envolvida: os objetivos, etapas de implantação, competências, organização de cada tipo de ação, cronogramas físico-financeiros de projetos, acompanhamento e monitoramento das ações. Se você não detiver os dados da realidade concreta, as metas podem ser manipuladas ou estabelecidas de forma inteiramente equivocadas. E mais, eu disse que a metodologia de monitoramento não atendia às necessidades de "sustentabilidade" qualitativa dos projetos sociais.

No caso do Favela-Bairro, durante a construção do marco lógico para o primeiro contrato com o BID foi difícil "amarrar" cada item de projetos e obras. Tudo se complicou em relação às políticas sociais porque se referia, além das creches, a programas múltiplos nos centros municipais de atendimento social integrado (Cemasi). Os recursos seriam provenientes da prefeitura, uma vez que a gestão dos projetos sociais em si não estava incluída no contrato. Claro! Para o banco, os componentes do marco lógico eram só quantitativos: que projetos, quantas pessoas beneficiadas etc.

Quando o Cesar Maia não vai ao segundo turno das eleições para governador em 98, por coincidência, talvez, o secretário convoca uma reunião geral anunciando novidades na estrutura da SMH, oficializando a participação dos três assessores com o cargo de "facilitadores". O que me chamou a atenção foi que eles entrevistavam os coordenadores e alguns técnicos. Ficou claro que eu não participava mais da área executiva. Em 99 o sistema matricial descentralizador de tomadas de decisões se revertia para um modelo centralizador que tirava todo o sentido de gerência macrofuncional. O grupo dos 16 passou a ser vinculado diretamente ao gabinete, responsável pela manutenção das obras, e acabou sendo politicamente cooptado. Posteriormente um coordenador me contou que os técnicos eram chamados apenas para consultas técnicas.

*"Campanha eleitoral é
coisa para profissional.
Caramba! Eu não entendia nada!"*

O QUE VOCÊ FEZ?

Diante da inevitabilidade de uma campanha eleitoral que começava com muita antecedência, parti para priorizar, a fundo, a conceituação e criação de novas metodologias para as políticas sociais. Eu havia criado uma equipe social, com três assessoras experientes em diversos níveis: a Eliana Sousa e Silva (ex-presidente da AM da Maré), a Maria José Parreiras Xavier (Zeza) e a Sandra Jouan, coordenadora do programa de Saúde Sanitária e Ambiental, criado em 98, que tinha longa experiência conosco. A tese que eu defendia era a de que as lideranças não são forjadas... e muito menos pelo poder público! Trabalhar na consciência real dos indivíduos, ou seja, no atendimento às reivindicações imediatas das comunidades era uma postura que vinha de décadas. Reduzir os efeitos do assistencialismo e clientelismo era a minha meta principal, a partir da ideia de trabalhar na consciência possível de algumas lideranças e grupos de pessoas, que tinham interesses específicos em determinados itens do escopo do programa. Estruturamos um cronograma de *workshops* técnicos com focos específicos na infraestrutura de saneamento básico e espaços públicos, projetos sociais de creche e centros municipais de atendimento social (Cemasi), esporte e lazer, meio ambiente e urbanismo. Estruturamos o Plano de Ação Social Integrada, o Pasi, incluindo comunidades que entrariam no Proap 2, já que as negociações do contrato tinham iniciado em 98. Era um avanço importante em termos de metodologia macrofuncional de integração social participativa em parceria com as secretarias de Desenvolvimento Social e de Trabalho e Renda, que tinha sido criada no ano anterior. A experiência nas favelas do complexo do Lins, da qual não participei, foi excelente. Posteriormente, em 98, a criação da Coordenadoria de Participação Comunitária e Acompanhamento, institucionalizando a integração social nos programas da SMH, foi um importante reforço para nós. A mobilização de moradores e a interatividade criada nos grupos surpreenderam as minhas assessoras e todos os participantes da secretaria e de outros órgãos municipais. Não tenho certeza, mas acho que em 97 foi lançado o programa Bairrinho, que atendia favelas de 100 a 500 famílias, mas não era eu a gerente. Nesse mesmo ano de 1998, iniciamos a implantação do programa Favela-Bairro em grandes favelas, com recursos da Caixa Econômica Federal.

E quais eram as favelas?

Eram as favelas de Rio das Pedras, Rollas e Fazenda Coqueiros, na Zona Oeste. Os recursos eram da Caixa Econômica Federal. Quando conheci o Dietmar Starke, recém-chegado da Alemanha, optei pela contratação dele para subgerente. O Jacarezinho vai ser o projeto-piloto, desenvolvido pelo escritório de arquitetura Artefato, se não me engano, com jovens arquitetos muito sérios. Fizemos duas assembleias, na sede da escola de samba do Jacarezinho, para divulgar o projeto e para a apresentação do plano de intervenções, ambas com a presença da diretoria da associação de moradores e famílias locais da comunidade. Iniciamos também as obras em Rio das Pedras com os escritórios do Paulo Casé e do Jorge Mario Jáuregui.

Dois flagrantes (no primeiro, Lu ao microfone) da assembleia realizada na quadra da escola de samba do Jacarezinho para apresentação e aprovação do Favela-Bairro em fins dos anos 1990

No ano de 2000 eu já era uma referência forte do programa e as coisas se complicaram para o meu lado. Realizando uma visita com a Architectural Association da Universidade de Londres ao morro da Providência, fui contatada pela jornalista Márcia Vieira, da revista *Vejinha*, para uma reportagem que ficou muito legal, intitulada: "A arquiteta dos morros: quem é a mulher que comanda o Favela-Bairro". Mas a matéria provocou, evidentemente, um certo mal-estar com o secretário e, quiçá, com o próprio prefeito Conde.

Poucos meses depois, em julho, foi plantada uma notinha no jornal *O Dia* sobre desentendimentos entre a gerente do Favela-Bairro e o secretário da SMH. Claro que tínhamos desentendimentos técnicos e políticos. Eu não estava gostando nada dos rumos do Favela-Bairro, que vinha se transformando em obras de urbanização e arquitetura. Os programas sociais só eram fortalecidos nas inaugurações. Os coordenadores do programa passaram a ser simples informadores de técnicas de projetos e obras. A centralização de decisões se tornara clara como água! Mas tomei uma posição bem diferente das anteriores... Nunca explicitei os desacordos claramente para não prejudicar o programa e a secretaria. Era público e notório que eu apoiaria o Cesar Maia nas eleições para prefeito de 2000.

O Luiz Paulo Conde era considerado favoritíssimo na SMH, e havia uma capitalização política do programa Favela-Bairro. Entre ser exonerada como "traidora" e buscar uma solução drástica contra a capitalização política do Favela-Bairro, optei pela segunda e saí candidata a vereadora do PTB, reforçando os vínculos com o Cesar Maia. Eu nunca tinha levado a sério os convites para ser candidata a vereadora na época da SMDS, por não ter o mínimo talento para esse tipo de tarefa. E também não tinha dinheiro para a campanha. Nessa época, sai uma notícia no *O Globo*, de página inteira, provocativa e sensacionalista: "Mãe do Favela-Bairro se candidata..." Essa matéria vai gerar a celeuma sobre a paternidade do programa. Passei a ser *persona non grata* na maioria das favelas. Só conseguia entrar nas áreas do Jacarezinho, Rollas e Fazenda Coqueiro, e algumas favelas de Jacarepaguá. E durma-se com um barulho desses!

COMO FOI A EXPERIÊNCIA DE FAZER CAMPANHA?
Consegui um panfleto muito bem-feito. O símbolo era uma inofensiva abelhinha... A minha irmã conseguiu uns depoimentos importantes, que resumiam alguns momentos da minha trajetória. Tem depoimento do poeta Ferreira Gullar, da escritora Ana Maria Machado (amiga de primário e ginásio), do cineasta Paulo César Saraceni. O Ruy Castro escreveu um texto sobre a minha participação na origem da bossa nova.

Panfleto da campanha de Lu para vereadora do Rio de Janeiro, 2000

A minha equipe de campanha era a Bianca Povoleri, ex-secretária na gerência, e a família dela, que morava na Zona Oeste; minha irmã, o meu filho, e alguns amigos da SMH que me apoiavam na encolha. Eu tinha uma mesinha em frente ao Barril 1800, em Ipanema, onde se reunia um grupo de apoio de amigos da praia. O panfleto atraía muita gente, mas não dava voto.

Aconteciam coisas que me assustavam. Como eu já disse, passei a ser impedida de entrar na maioria das favelas que eu conhecia muito bem. Apesar disso, ainda consegui duas áreas onde tinha lideranças de mulheres com quem eu tinha relações de amizade, como a Guará, do morro do Sossego, e a Sandrinha, que era presidente na favela da Grota. Consegui uma casinha de graça, com um amigo, em frente ao morro do Sereno, no complexo do Caricó. Uma noite, apareceu uma turma pressionando o meu amigo e a família, e lá se foi o comitê da Lu do Favela-Bairro. Militância política é uma coisa, porque os fatos bons ou maus são mais ou menos previsíveis. Mas campanha eleitoral é para profissional. Caramba! Eu não entendia nada!

Por outro lado, foi uma campanha hilária, com "causos do arco da velha". Concentrei a campanha no Jacarezinho. Nosso grupo era um bando de mulheres que faziam um "auê" danado, e a Zeza — um homossexual que era uma verdadeira mãe para os três filhos. Ela se vestia de mulher, mas não fazia a barba, e a gente tinha que dar duro nela. Quando marquei uma visita do Cesar Maia lá, ela apareceu toda feliz da vida, toda pimpona de cabelo penteado, unhas feitas... uma figura! Um dia fomos para o forró e demos de cara com ela dançando com um velhinho, de rosto colado... Não teve jeito, a gozação foi geral! Como sempre, eu e a "fiel escudeira" Bianca, fomos num forró lá nos cafundós da Zona Oeste. Lá tive eu que dançar a noite inteira. Avisei para a mulher que nos convidou que não tinha dinheiro. Pois não é que ela veio, no final da festa, me pedir para pagar os músicos? Saímos dali de fininho. Por ironias do destino, ninguém pedia obras ou material de construção... Era bujão de gás, panela, um arsenal de coisas... Tem muito mais situações esdrúxulas que nem me lembro mais.

Terminada a eleição, com a vitória do Cesar Maia, lá vêm as lideranças: "Lu e Bianca, está tudo liberado... Nunca quisemos prejudicar vocês e... blá-blá-blá". E assim foi o nosso tempo de campanha nas favelas... É a partir daí que vamos consolidar o projeto Célula Urbana.

Célula Urbana

"A favela tem que contagiar a cidade e a cidade contagiar a favela"

GOSTARÍAMOS DE ENTENDER MELHOR AS ORIGENS DA CÉLULA URBANA. O Favela-Bairro trazia um complemento fundamental e, principalmente, uma perspectiva de programa social institucional que tinham, pelo menos por um período de tempo, o desenvolvimento garantido. Eu sentia falta de incluir conceitos e metodologias que pudessem avançar na linha do desenvolvimento endógeno dentro da concepção de desenvolvimento urbano, ecológico, socioeconômico e cultural. Eu pensava: "A favela tem que contagiar a cidade e a cidade contagiar a favela". Em determinadas comunidades se criavam alguns pontos de atração muito grande. Quando a intervenção urbana significava construir uma praça, uma área de esporte ou uma rua importante, o resultado era sempre um incremento imobiliário e comercial.

A primeira ideia de Célula Urbana veio da dificuldade em resolver o acesso de veículos no Vidigal, em 1996. Foi quando optamos pelo alargamento da rua João Goulart em determinados pontos, o que trouxe pequenas melhorias para a circulação intensa de veículos. Propus um teleférico para transporte alternativo de passageiros e de turistas com três estações: uma na avenida Niemeyer, a segunda no largo do Santinho (onde tem um ponto comercial importante) e a terceira no mirante que abre uma vista incrível, de onde se pode ver Lagoa, Ipanema e Leblon. Na minha cabeça, os moradores incrementariam atividades turísticas e culturais nesses pontos por iniciativa própria. O projeto não foi adiante por motivos internos da SMH.

A partir de 1998, durante o desenvolvimento do projeto Favela-Bairro do Jacarezinho, surgiu a visão nítida de que essas comunidades de gran-

Fachada da Célula Urbana do Jacarezinho, 2002

de porte eram comparáveis aos bairros da cidade e que necessitariam de planejamento com visão de médio e longo prazos, a exemplo da cidade. Mais tarde, em fins de 1999, o Dietmar e eu definimos os primeiros conceitos básicos do projeto, que partiam da consolidação de vetores de desenvolvimento local integrado e sustentável que contagiariam a comunidade, os bairros do entorno e a cidade. Um processo interativo de relações garantiria que as áreas pré-selecionadas seriam transformadas em ponto focal capaz de produzir, receber e reproduzir componentes de desenvolvimento urbano, cultura e políticas sociais. Era preciso construir espaços e implementar funções multidisciplinares, funções complementares e novas funções de interação com programas estratégicos da prefeitura. As células urbanas, quando implantadas em favelas, potencializariam as intervenções do programa Favela-Bairro.

EXPLIQUE MELHOR DE QUE MANEIRA O PROGRAMA FAVELA-BAIRRO NO JACAREZINHO SE TRANSFORMOU EM BERÇO DA CÉLULA URBANA.
O Jacarezinho reunia condições favoráveis para viabilizar outras atividades típicas de cidade, além da importância autossustentável do intenso e variado comércio interno, que atrai consumidores dos bairros. Além disso, a atividade imobiliária de compra e venda de imóveis é consistente. A primeira obra do Favela-Bairro foi a abertura, proposta por nós em 98, de parte de uma rua ligando a avenida Suburbana à rua Miguel Ângelo, em Maria da Graça. Passando pela feirinha e o comércio, áreas altamente movimentadas, a nova rua seria o vetor das replicações da célula. Atualmente a Via GE se estende até o extremo oposto da favela, transformada a partir do largo dos Tubas em uma larga rua com calçadas, que é usada também para eventos e lazer. É um sucesso!

Depois nasceu a ideia de contagiar a favela com iniciativas exemplares que se repetissem em outras áreas. Para tanto, selecionamos um quarteirão em frente à praça da Concórdia como indicador de redução de densidade. Havia a necessidade de se remover umas seis casas para criar um pátio interno multiusos, para otimizar a aeração e insolação das moradias. Esse veio a ser o núcleo de uma proposta maior, que envolvia áreas de integração com o bairro.

O programa Favela-Bairro no Jacarezinho se transformou no berço da Célula Urbana tendo como referencial as obras na parte interna da favela. O projeto segue depois um outro caminho quando os seus desdobramentos estratégicos são formulados. Em um dos longos papos com o Dietmar eu falei: "Para a gente botar essa ideia *pra* frente vamos precisar de algum estrangeiro no pedaço, como foi com o BID". O Dietmar contava muitas histórias do Omar Akbar, presidente da Fundação Bauhaus em Dessau, que eram amigos e tal. Dito e feito! Após muitas conversas telefônicas do Dietmar com o Akbar, eu fui a Dessau apresentar um *power point* sobre os conceitos do projeto. Em 1999 ficou decidido que o tema do Kölleg[13] em 2000 seria o Jacarezinho.

A PRESENÇA DO KÖLLEG VIROU SUCESSO DE MÍDIA, UM "MARKETING DE PRIMEIRO MUNDO", NÃO FOI?

Foi incrível! Aprovada a proposta do convênio em fins de 1999, começamos, no início de 2000, a organizar a vinda de um grupo com 18 participantes de vários países, subsidiada pela SMH. O objetivo era que esse grupo passasse 10 dias no Jacarezinho para desenvolver a proposta do projeto na Alemanha. Seria o primeiro projeto da Bauhaus a ser construído fora da Alemanha em 80 anos.

E daí foi um "auê"! O Jacarezinho recebeu muito bem os gringos lá, o pessoal gritava: "Alemão, alemão!" Engraçado é que, no jargão do tráfico, alemão significa informante da polícia. Mas ali era outra coisa. E tinha de tudo! Tinha a Zeza, um homossexual engraçado, que fazia comidinha caprichada... Tinha a casa hotelzinho, uma "bolação" do Rumba, então presidente da associação de moradores, para que as duplas de participantes ficassem lá uma vez por semana. Tinha até balão flutuando lá no alto, passando vídeo com depoimentos de moradores, parecia uma lua! A Julia, mulher do Dietmar, junto com o Duca — meu filho, estudante de arquitetura, que estava participando do Kölleg — projetaram em um lençol imagens de marcos importantes da cultura carioca, sobrepostas com fotos do quarteirão. E andava gringo para tudo que é lado, filmando e colhendo depoimentos dos moradores, fazendo levantamentos técnicos e sociais, convivendo com os moradores. Era engraçado como gringos e moradores se entendiam por meio de gestos. Tudo isso tinha como fim conhecer e testar as tendências para a formulação de um plano de intervenções com as funções a serem im-

---

[13] O Bauhaus Kölleg é um programa de pós-graduação internacional e multidisciplinar oferecido pela Fundação Bauhaus-Dessau desde 1999. De maneira geral, o programa envolve questões sobre pesquisa e *design* urbano. A cada ano é escolhido um tema específico para ser tratado. No ano de 2000, o tema foi especificamente a favela do Jacarezinho, no Rio de Janeiro, escolha que se enquadrou na tradição da Escola Bauhaus, para a qual a arquitetura desempenha um papel social.

plementadas na Célula Urbana. Enfim, uma metodologia avançada para a elaboração de um diagnóstico realmente participativo.

O grupo do Kölleg volta para a Alemanha e, passadas umas três semanas, o arquiteto Rainer Weisbach[14] e o Duca começam a mandar recados de que a coisa estava patinando. O grupo não conseguia fechar uma proposta de consenso quanto ao que seria o teor de um vídeo, que foi a primeira ideia lançada. Só tinha mais três arquitetas participando — uma brasileira da Arqui Traço e duas funcionárias da Bauhaus, que eram responsáveis pelo desenvolvimento dos trabalhos. O resto eram técnicos de vídeo, artistas plásticos etc. O Dietmar foi lá e confirmou. Eu tinha que dar um jeito... Nessas alturas, era claro que o secretário de habitação não autorizaria, porque havia interesse em manter o Dietmar como principal interlocutor do gabinete. Então, fui na encolha, por minha conta... Falando com o Omar ele me disse ao telefone em viva voz: "Você decide, eu indico o Rainer para desenvolver o projeto".

Arquivo Célula Urbana, 2000

Balão com câmera tirando fotos do Jacarezinho no evento do Kölleg

Indiquei o Dietmar como coordenador da prefeitura. Ele ficou lá mais uma semana aproveitando para explicar aos outros componentes do grupo a proposta da Célula Urbana. Eles continuaram acompanhando até terminar o prazo do Kölleg. O Rainer chamou o Duca para trabalhar com ele. Finalmente a ideia tomou o rumo certo.

---

[14] Rainer Weisbach foi um dos 15 arquitetos alemães que participaram do projeto Célula Urbana, em 2000, na favela do Jacarezinho. Nasceu em 1955, em Erfurt, graduou-se em engenharia entre 1976 e 1981, e estudou arquitetura em Weimar. Em 1986, passou a integrar a equipe da Fundação Bauhaus-Dessau nas áreas de exibições, concursos, publicações e projetos.

No segundo semestre de 2000, foram apresentados os painéis, com uma belíssima maquete, no parque das Ruínas. Muito criativos e de bom gosto, com apresentação de propostas com alto nível de *design*, fotos, perspectivas e textos indicativos de projetos e funções. Eu fui convidada, já em plena campanha eleitoral, a participar, por honestidade e gentileza do Omar.

Duca, Lu e a maquete da Fundação Bauhaus-Dessau. Apresentação no parque das Ruínas, 2000

O PROJETO FOI BEM-RECEBIDO PELA PREFEITURA?
A maioria da plateia era da SMH. Mas como estava em pleno processo eleitoral, combinamos esperar. Terminada a eleição eu voltei para a secretaria. Havia uma certa expectativa no ar de que eu seria a próxima secretária... Alguns torciam a favor, outros torciam o nariz... Eu não via com bons olhos voltar à gerência; havia um desgaste pessoal que me incomodava.

Em fins de 2000 tive uma reunião com o Cesar Maia, que me convidou para o cargo de assessora especial do gabinete dele. Era um mundo novo! Expliquei que o meu maior interesse era a Célula Urbana. No início de 2001, nós mostramos a maquete e explicamos a proposta. A impressão que eu tive foi a de que ele entendeu perfeitamente os novos conceitos pós-Favela-Bairro e o ineditismo da ideia em termos de favela. Aliás, o nome de Assessoria Especial Célula Urbana, vinculada ao gabinete, e o de projeto experimental Célula Urbana são de autoria dele. Defini rapidamente um pequeno núcleo de gestão do conhecimento. Depois de mudanças na equipe inicial, todos os quatro atuais membros — Dietmar, Duca, Ana Luiza e

Bianca — foram se capacitando para assumir novas funções exigidas a cada etapa de evolução dos projetos. O grande desafio seria construir uma assessoria especial com função de formulação teórica e executiva. E o mais difícil: construir projetos dependentes de estruturas macrofuncionais. Esse foi o motivo principal de falta de manutenção do prédio [onde funciona a Célula Urbana], já que o Gabinete do Prefeito não dispõe de recursos. Mas fizemos coisas do arco da velha.

"A cidade não é partida!"

Você previa manter a parceria com a Bauhaus?

A continuidade da parceria com a Bauhaus era fundamental. Os objetivos do novo convênio com eles eram o desenvolvimento dos projetos básicos, a cooperação técnica com os órgãos municipais envolvidos na adequação de projetos e a execução de obras. Depois de muitos vaivéns conseguimos desenvolver um conjunto de propostas que resultou no projeto. Estruturamos os contatos, a troca de ideias, o detalhamento de projetos — tudo via online ou por telefone. Contratamos o escritório de arquitetura Movle, formado por jovens talentosos, para desenvolver os projetos.

O escopo do plano de desenvolvimento urbano incluía um vetor de funções para a cidade. A primeira etapa era a construção do *block*, nome de batismo dado pela Bauhaus, no setor interno da favela, com abertura de dois pátios e edificações novas para a introdução de funções diversificadas.

A segunda incluía uma bela passarela sobre a linha do trem, com duas pequenas edificações, para absorver os camelôs da feirinha, interligando a avenida Suburbana à praça da Concórdia. Do lado interno da favela, seria construída uma arquibancada em frente ao *block*. Se bem me lembro, havia a ideia de construir um hotel para estudantes, mas não foi adiante.

A terceira etapa seria no terreno da antiga fábrica de tintas Ypiranga, com um grande galpão e uma quadra coberta — batizada pela Bauhaus

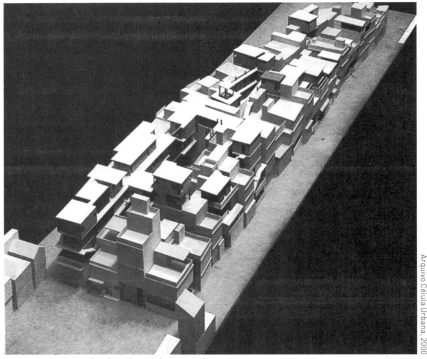

Primeira maquete, doada pela Fundação Bauhaus-Dessau em 1999

como *foyer* — que fica em frente à avenida Suburbana. Ali eles propunham uma universidade de meio ambiente, que depois mudou para ser um centro de pesquisa e estudos voltado para a redução da pobreza, da fome e da violência — ideias que não me convenciam porque não se enquadravam na premissa de contágio entre a favela e o bairro. E também não haveria interesse da iniciativa privada por causa dos enfrentamentos constantes e a presença da favela de Manguinhos do outro lado da avenida. Em 2002 a Bauhaus apresentou os projetos, no Jacarezinho e no Centro de Arte Hélio Oiticica, com uma bela exposição de painéis minuciosamente detalhados sobre conceitos e projetos, uma maquete do conjunto geral e outra com a proposta do *block*.

Na minha opinião, faltava nessa área um componente fundamental que era abrir espaços para a integração de funções com o bairro e a otimização do uso do solo da área disponível. Decidi mudar as coisas com apoio da SME, através do Ciep Vinicius de Moraes, que fazia limites com o tal terreno da fábrica de tintas Ypiranga. O Duca projetou uma escolinha para educação infantil (de quatro a seis anos), em conformidade com as diretrizes da diretora do Ciep, no vão da passarela. Sob a coordenação do Dietmar, articulamos com a Comlurb a montagem de um centro de transferência de lixo já pré-selecionado (uma necessidade urgente para a cidade) com uma sala de conferências, salas de aulas e uma lanchonete. O resto do terreno seria uma área de esportes sob responsabilidade da Secretaria de Esportes e Lazer. Daí, sim, as bases para a diversificação de funções multidisciplinares e interdependentes entre favela e bairro estavam estabelecidas. O principal impasse, embora houvesse recursos disponíveis, veio de um parecer da Feema, que alegava contaminação do terreno pela fábrica. Interditou-se qualquer tipo de intervenção. Ficamos muito decepcionados. Na época eu falava na composição Favela-Bairro com um Rio Cidade.

OU SEJA, VOCÊ QUIS COLOCAR UM RIO CIDADE ALI. MAS O RIO CIDADE, SEGUNDO A CONCEPÇÃO VIGENTE, SÓ SERVIRIA PARA A CIDADE FORMAL. É ISSO?

Eu acreditava que tudo ia ser realizado, inclusive a reestruturação e reforma de parte da avenida Suburbana, proposta pelo Sérgio Magalhães, mesmo porque em um terreno mais adiante seriam construídas moradias e áreas de lazer pelo Favela-Bairro. A proposta visava abrir espaços para novos debates que, com certeza, seriam acalorados. Seria um argumento em favor de que os dois programas podem ser complementares. A cidade não é partida!

E COMO FICOU O JACAREZINHO? O QUE REALMENTE DEU PARA FAZER?

Estava prevista a construção de dois prédios e a criação de novos andares nas construções mais baixas, com a perspectiva de multiplicação de atividades a serem implementadas pela prefeitura ou pela iniciativa privada, pelo comércio local ou organizações comunitárias. Previa-se,

Lu acompanha visitantes estrangeiros ao Jacarezinho, 1999

também, a abertura de um pátio menor para meditação e prática de medicina alternativa — coisas de europeus... Foi engraçado quando o Dietmar levou até lá um grande empresário de uma rede de spas em Israel. Comentário dele: "Isso aí dá dinheiro!" [risos]. Essa seria mais uma etapa do projeto que não foi realizada. Voltamos a prioridade total para a reforma dos espaços públicos, a construção do primeiro prédio e a reforma da praça da Concórdia, porque era dali que partiriam as replicações ou contágios, como queiram.

A reforma da praça da Concórdia, a demolição das casas, a obra de infraestrutura urbana nas ruas do entorno e do pátio interno foram rapidamente construídas pela Diretoria de Conservação da SMO, porque eram de mais fácil execução. Já o partido arquitetônico para o prédiosede, esse "deu pano *pra* manga". O pessoal da Bauhaus propunha um bloco fechado envolto por uma tela especial que viabilizaria a transmissão de imagens, textos e vídeos. Era um projeto tipicamente europeu, moderno, que só funcionaria com sistema central de ar condicionado e luz acesa o dia inteiro. Parecia um *bunker*, muito bonito, aliás. Insistimos na solução de uma fachada principal de vidro, aberturas laterais, enfim, uma arquitetura tropical, o mais aberta possível, para que todo mundo tivesse a percepção de que existiam atividades ali. Afinal esse era um princípio para o prédio ter visibilidade e segurança.

A construção ficou a cargo da RioUrbe, com cofiscalização nossa de projetos e obras. Também dávamos apoio em área, principalmente nas questões de obras e nas encrencas da empreiteira com os moradores. O prédio é muito bem-resolvido, com espaços amplos e arejados, mas com detalhes complicados para os sistemas construtivos, as esquadrias, portas e outros. O Rainer projetou tudo isso com base na alta tecnologia construtiva alemã. Várias vezes prevaleceram as decisões dos técnicos da RioUrbe quanto à execução em si. O detalhamento de projetos não foi nada fácil de se resolver, mas no final deu tudo certo. O pessoal da favela ficou muito espantado com aquilo tudo, uns pensavam que seria um banco e por aí afora. Mas realmente o prédio ficou muito bonito.

"O caminho de consolidação que a Célula Urbana do Jacarezinho tomou é verdadeiramente instigante"

A pré-etapa de implantação trouxe novidades tecnológicas veiculadas na época do Kölleg. Foi montado um computador, a pedido de umas mulheres que queriam acessar a internet. Durou cerca de 40 dias e foi um *must*! Um belo dia nós levamos ao Jacarezinho o Giorgio Cuminato, da Magna Grécia — ONG ligada à província de Roma —, que se propôs a nos dar apoio. Por ideia da Bianca, bolamos instalar o Café Internet numa sala cedida pela SMH, em outubro de 2002.

Criamos a nossa célula jovem, com a Bianca e o Duca coordenando a montagem e criação de metodologias de funcionamento do projeto junto com os jovens da favela. Para a coordenação local foram indicados por nós o Fabinho e o Ramon, que tinham sido instrutores do projeto Rio-Online da prefeitura e detinham conhecimentos de informática e de ensino aos jovens. Todos os equipamentos foram doados pela Magna Grecia: quatro computadores completos, com mesas e cadeiras, uma impressora A3, um scanner, e a internet com um roteador. Um som, um micro-ondas e móveis foram fornecidos pela Obra Social da Cidade. A infraestrutura de informática era cedida pelo IplanRio e a Telemar fornecia o apoio gratuito. O acesso à internet era via telefone com 128kb. Alguém deu uma geladeira e uma cafeteira, já não me lembro quem. Bianca, Duca, nosso motorista e mais uma turminha ficaram vários dias arrumando tudo até meia-noite. Um dia rolava baile *funk* lá fora, no outro dia o tiro comendo solto...

No dia da inauguração em 2002, reunimos muita gente. Teve show de capoeira e um grande bolo de um metro quadrado no meio da rua. O prefeito e os diretores da Magna Grécia também estavam presentes. Nesse dia, o Dietmar me apresentou ao Rudolf Lenhart, o então cônsul-geral da Áustria no Rio, o melhor parceiro que tivemos. É um sujeito que gosta do Rio, é inteligente e culto e, principalmente, solidário. Com apoio dele promovemos um recital da pianista clássica Ingrid Marsoner na igreja católica de Nossa Senhora Auxiliadora, no Jacarezinho — uma novidade sem precedentes. Depois veio a Banda de Prefeitos do Zillertal-Tirol desfilando e tocando, todos com uniformes coloridos e alegres. O Lenhart doou ainda uma superfilmadora para o projeto. Em parceria com o Instituto Goethe e a Assessoria de Eventos do Gabinete do Prefeito, montamos um projeto profissionalizante de aulas de balé na mesma igreja, que também mobilizou muitas jovens. Só parou porque o presidente, que era o mais interessado no projeto, faleceu e foi substituído por um outro que não tinha interesse em trabalhar com pobres.

Em 2004 vem nova campanha eleitoral para prefeitos. O prefeito Cesar Maia se reelege pelo PFL, no segundo turno, vencendo o Luiz Paulo

Recital de música, altar da Igreja Nossa Senhora Auxiliadora, 2002

Conde, candidato pelo PMDB, aliado ao então ex-governador Anthony Garotinho. Nesse mesmo ano foi inaugurado o prédio núcleo da Célula Urbana, depois de muitos atrasos, com uma plateia cheia. Apesar de a solenidade ter sido muito simples, o salão do térreo, que foi construído para todos os tipos de eventos e usos, ficou cheio — tinha gente até do lado de fora! No pátio interno teve forró e chorinho. Foi muito divertido.

O Rudolf articulou a vinda da Ars Electronica, promotora de grandes e famosos festivais de vídeos eletrônicos. Estruturamos, então, uma futura escola de vídeo que funcionaria em conjunto com o Café Internet. Mas, no final das contas, não saiu porque depois de uns seis meses tentando fechar o convênio e uma data para a vinda do Höertner, ele sofreu um acidente de carro na véspera da viagem e ficou sem andar durante três meses. Daí eu desisti! Logo depois apareceu um canal de TV da Alemanha que editou um vídeo com a participação de jovens da área. Tentamos dar continuidade com 15 estudantes do Ciep que, sob o comando da Bianca, montaram quatro clipes. Paramos por falta de recursos.

O Café Internet foi transferido para o mezanino do prédio, já que o processo de crescimento foi muito rápido. Não foi fácil para a Bianca lidar com os coordenadores porque entre eles predominava a ideia de ganhar dinheiro. Tive que intervir em umas duas vezes, quando pegamos pesado na afirmação de que eles tinham que se aprimorar em tecnologias, usar criatividade para fornecer novas opções de vida para os jovens. Insistimos principalmente na mudança de postura, para que se tornassem microempresários de fato. Nesse caso, o Rudolf também contribuiu de forma determinante, fornecendo curso de *web design* e de montagem e manutenção de computadores. Eram cursos de formação profissional de alto nível e que possibilitavam ampliar a receita. Também nessa época, foram adquiridos uma linha telefônica e um aparelho de fax. Umas 3 mil pessoas ou mais já frequentavam o local. Então foi implantada a primeira banda larga em favelas com um mega, com apoio do Iplan e da Telemar.

Em 2006, com a saturação do espaço, transferimos para o segundo piso. Ali temos um espaço bem amplo que permitiu montar uma sala de espera para os clientes, com ventilador, televisão e um computador para rápidas consultas à internet. O sistema administrativo de controles e gestão é muito bem-bolado. Contrataram mais uma senhora e um jovem, com salários mensais e participação nos lucros adicionais. Instalaram as cabines individuais com 15 computadores e ar condicionado. Tudo feito com recursos deles. Estamos finalmente consolidando uma microempresa sustentável.

Apesar de o público inicial ter sido de crianças e jovens, os pais foram sendo motivados e o repasse da novidade foi crescendo pelo boca a boca. Pouco a pouco foi-se socializando pelos frequentadores a percepção da descoberta do mundo virtual e da ampliação de conhecimentos. Um lugar seguro e de melhor aproveitamento, inclusive, do tempo livre para todos — até hoje pornografia e os jogos violentos são terminantemente proibidos. E assim foi-se expandindo a integração ao mundo da informática, até então algo pouco conhecido pelas favelas.

Ficou decidido que o preço a pagar seria de R$ 1,50 por meia hora. A montagem e a manutenção de computadores se tornou um reforço para a geração de renda e a proliferação de compra de equipamentos a um custo acessível para os moradores. Como a prefeitura não permite atividades lucrativas, as crianças menores de 14 anos têm acesso gratuito, desde que frequentem a escola, e recebem as noções básicas de computação. Essa é a contrapartida deles à cessão do espaço e ao pagamento de luz pela prefeitura.

O prefeito sempre foi um aliado, dando apoio total ao Café Internet desde o início. Em uma segunda visita feita ao Jacarezinho, quando já estávamos ocupando o mezanino, ele ficou espantado com uma senhora de 40 ou 50 anos que queria pedir algo. Ele se virou e disse: "A senhora pode me dar o seu telefone". Ela respondeu: "O senhor não se preocupe não, porque eu tenho e-mail. A minha filha me ensinou a usar" [risos].

O Café Internet, além de ser um espaço de uso individual, é um *point*, onde se fazem pesquisas e trabalhos conjuntos. Bate-papos de jovens na sala de espera... Novas amizades e paqueras... Mesmo a disseminação de *lan houses*, com prioridade para jogos, que poderiam ser um forte concorrente, não abalou nosso projeto. Diferente do Café Internet, elas são de curta duração. Fecha uma aqui e abre outra lá...

Podemos dizer que a escolinha gratuita de informática para crianças foi a primeira replicação da célula do Jacarezinho?

A replicação começou em fins de 2005. Uma iniciativa exclusiva do Café Internet em parceria com a Associação de Moradores do Jacarezinho que, além de apoiar economicamente, cedeu uma casa situada na parte mais alta, no Azul, em frente à Via GE. Exatamente no cordão umbilical de alimentação de novas iniciativas. O Fabinho está criando a ONG Educação, Tecnologia, Cultura e Cidadania, para viabilizar a administração e gestão do projeto Escola de Informática Ciranda da Solidariedade, idealizado e formatado por ele. A implantação de um projeto social até então inexistente em favelas, para priorizar o atendimento a crianças e jovens vítimas de desagregação familiar. E, principalmente, a capacitação de jovens voluntários para implementar um modelo de tecnologia de aulas, montagem e manutenção de cinco computadores doados.

Fui visitar o local quando o Fabinho me explicou que pretendia iniciar um trabalho educativo — ensino do alfabeto, geografia e jogos de raciocínio — com crianças menores por meio de programas especiais desenvolvidos para computadores. Ele queria também incentivar a entrada ou o retorno às escolas municipais das crianças de sete a 12 anos e de jovens até 16 anos com o curso fundamental incompleto. A ideia era abrir espaços para a inserção da informática, já que os cursos existentes na cidade exigiam o curso fundamental completo. O jovem que dava uma aula a que assisti era uma figura. Morava sozinho desde os 14 anos e estudava em um curso técnico-profissional de matemática. Ele dava aula de montagem com um computador desmontado. Quando as crianças se distraíam, lá ia um pulo no chão com piso de madeira e... tuuuum!!! Daí os desatentos se tocavam e todos riam.

Inscrevi o Centro de Informática e Café Internet no projeto de Melhores Práticas, que foi instituído pelo UN-Habitat, um órgão vinculado às Nações Unidas, com sede no Quênia, para projetos de redução da pobreza no mundo. A cada dois anos eles promovem uma premiação na América Latina e outra em parceria com diversas prefeituras do mundo e, dentre elas, a de Dubai. Acabamos ganhando a qualificação ao nível menos importante, que é a de Boas Práticas.

Qualquer novidade no Brasil é difícil...

Eu não diria que é preguiça mental de um povo porque daí não dá, não é? [risos]. Mas que tem um conservadorismo nessa história... Vide o início do programa Favela-Bairro! Apesar da excelente recepção dos moradores, tínhamos dificuldade na agilidade (eficiência e eficácia) para concretizar as ações. As tentativas de trabalhar com as secretarias de Trabalho e de Assistência Social não vingaram. O trabalho em macrofunção é desigual porque cada órgão (secretarias, empresas públicas etc.) e as outras instituições envolvidas também (Sebrae, universidades e ONGs) têm seu tempo regulado por suas prioridades, sem contar as dificuldades inerentes a cada um: uns são ágeis por si só, e outros são ágeis em algumas atividades e em outras não.

A Secretaria Municipal das Culturas assumiu o prédio de fato, batizado então de Célula Cultural em fins de 2004, mas dispunha de parcos recursos. A Central Única das Favelas [Cufa] tinha dificuldades de inserção na área. Eles criaram oficinas de basquete, de grafiteiros e de aulas de dança *hip-hop* para atrair os jovens, mas as tendências no Jacarezinho eram de reforçar tradições locais. No final de outubro de 2005 eu comentei com o prefeito, com concordância do secretário Ricardo Macieira, que deveríamos mudar. Assumimos a coordenação e tivemos que nos enquadrar nas opções municipais viáveis. Então eu indiquei a ONG Novo Horizonte, que era formada por um pessoal do morro da Formiga, que eu conhecia desde lá do Mutirão.

E NÃO TERIA NADA EQUIVALENTE, NENHUMA ONG DENTRO DO PRÓPRIO JACAREZINHO?

As poucas ONGs de lá não se enquadravam no objetivo do projeto, e a liderança da associação de moradores era fraca. Desde que a Novo Horizonte substituiu a Cufa, em novembro de 2005 até março de 2006, o atendimento teve um aumento de cerca de 80%. Em abril foi assinado um convênio experimental de um ano.

Não houve problema entre Formiga e Jacarezinho porque todos os instrutores de atividades e a equipe administrativa são da área. As atividades criadas estão afinadas com os interesses dos moradores. Contratamos a Nilza Gomes, que é uma liderança nova e isenta dos velhos vícios. Foi muito importante indicar a Nilza Rosa, que era minha assistente, para o trabalho em área. Além de funcionária pública, é liderança autêntica da Formiga e tem reconhecimento dentro das favelas do Rio desde o Mutirão.

Abriu-se muito rapidamente um leque de parcerias com a associação de moradores, com a escola de samba, com o comércio local, universidades e outros órgãos públicos. Retomaram a prática de mobilização montan-

Visão aérea, Jacarezinho, 1988

do três oficinas de trabalho voluntário de aulas de lambaeróbica, trabalhos manuais, reforço escolar e também o atendimento para orientação jurídica e atendimento ao público de mais de 436 pessoas a cada mês. Trabalham com seminários temáticos e promovem eventos diversos.

E QUEM FICA RESPONSÁVEL EM NOME DA PREFEITURA?

A assessora Ana Luiza Oliveira é responsável pela gestão dos convênios. Vale destacar a obrigatoriedade de apresentação de relatórios mensais para fins de desembolso mensal, e a criação de um sistema de gestão de acompanhamento e monitoramento das atividades. O convênio cobria o pagamento de instrutores, pessoal administrativo e pequenas manutenções no valor irrisório anual de R$ 73.800, ou seja, R$ 6.100 por mês. E eles dão conta do recado!

A ONG criou as oficinas de moda, inglês, dança, capoeira, espanhol e música. Essas atividades acontecem de manhã e à tarde, duas vezes por semana, com presença média mensal acumulada de 1.616. Cada instrutor recebe R$ 300,00 mensais. Hoje, o prédio da Célula Urbana vive cheio. São, em média, 2 mil pessoas por mês, que somadas ao Café Internet, vai dar em torno de 6 mil pessoas, sem contar com os eventos, festas comemorativas e as rodas de capoeira reunindo grupos de fora da favela. O Café Internet não foi incluído no convênio, mas desenvolve trabalhos conjuntos com eles.

NO CASO DO JACAREZINHO, A CÉLULA URBANA CUMPRE UMA FUNÇÃO DE TERRITÓRIO NEUTRO, DE TERRITÓRIO RESPEITADO?

Os desgastes provocados pelos enfrentamentos são fatores externos ao projeto. A turma impõe respeito e consegue dialogar com todos. Tanto é que, após as operações especiais de segurança, as atividades continuam. Teve um fato isolado no Natal de 2004, quando um PM doidão chegou lá, pegou uma moto e deu um tiro no vidro da fachada. Felizmente o blindex tem uma fina camada de estrutura metálica e não caiu até hoje. Em outras ocasiões recebemos alguns tiros como consequência de enfrentamentos e não de agressões específicas contra o prédio. Com tanto movimento por lá, é evidente que se trata de território respeitável de grande visibilidade. Posso afirmar hoje que, de forma inteiramente imprevisível, haverá muito em breve uma inversão de caráter estratégico: a Célula Urbana será um referencial importante para uma cidade de médio porte ou um bairro, que é o Jacarezinho; depende da vontade do freguês. Não vai ser pouca coisa!

O CÉLULA URBANA TEM ORÇAMENTO PRÓPRIO? OU É ORÇAMENTO DO FAVELA-BAIRRO?

Não. Estamos vinculados à Subsecretaria Administrativa do gabinete, que executa a gestão financeira dos convênios que assumimos. Os recursos para obras sempre dependem de outros órgãos municipais, principalmente da SMO. Aliás, não houve integração com o Favela-Bairro, que priorizou as intervenções na parte alta do morro e acabou parando no primeiro semestre de 2005. Ou seja, a assessoria assumiu todas as iniciativas referentes à Célula Urbana. O orçamento do Favela-Bairro só entrou na construção do Museu da Providência, que já vem aí...

O Museu a Céu Aberto

"Mas isso aqui pode dar um museu!"

POR QUE UM MUSEU NO MORRO DA PROVIDÊNCIA?

Com seus 107 anos de existência, o morro da Providência se constitui, hoje, em um marco importante, que se replicou na formação das outras favelas, seja pela forma de ocupação, pela arquitetura ou, até mesmo, pelos movimentos de resistência às remoções, embora elas tenham características próprias, sobretudo do ponto de vista cultural e das formas de interrelação com os bairros do entorno. Iniciamos as obras com o projeto Mutirão Remunerado nos anos 80 na área conhecida por Pedra Lisa, que está situada na vertente do morro que dá para a rua das Américas, em frente às oficinas da SuperVia.

A ideia do projeto do Museu a Céu Aberto do morro da Providência surgiu em 2001, com base nos conceitos que regem o projeto experimental Célula Urbana, sobre os quais já falamos. Durante uma visita à área com a Architectural Association da Universidade de Londres e o Prourb da UFRJ, resolvi olhar com mais atenção a parte superior do morro, que eu mal conhecia. Quando me veio à cabeça: "Mas isso aqui pode dar um museu!" Três edificações e uma escadaria de valores visivelmente históricos justificavam a ideia, mas dependia de obras de infraestrutura urbana em toda a favela, justamente pelos seus fortes vínculos com o desenvolvimento urbano daquela área.

Falei com o Dietmar: "Vai lá, com calma e elegância, dá uma olhada". Daí surgiu uma ideia muito simples de criarmos um corredor histórico-cultural aproveitando as vias de acesso que possibilitavam interligar componentes existentes e futuros de um museu vivo. Nessa época a Paula Berenstein, uma arquiteta urbanista professora da UFRJ, nos emprestou o livro *Morro da Providência: memórias da favella*, de autoria de

Sonia Zylberberg, publicado pela própria prefeitura. Ali encontramos os primeiros dados históricos sobre aqueles marcos de patrimônio da cidade existentes lá dentro, uma raridade nas favelas, que nos deu a base para fazer um book e começar a divulgação da proposta. Uma matéria sobre o projeto, publicada no *Diário Oficial do Município*, deu origem a uma entrevista a *O Globo*, mesmo antes de iniciar o Favela-Bairro, quando fizemos uma visita ao local com a jornalista indicada por eles. Dali em diante o projeto começou a ter repercussão.

DESDE O INÍCIO VOCÊ JÁ TINHA IDEIA DE QUE DEVERIA SER UM PONTO TURÍSTICO ARTICULADO À ZONA PORTUÁRIA?

Sim. Optamos pela construção da coluna vertebral do museu, para abrir as possibilidades de atrair empresários e promover visitas articuladas com a futura Cidade do Samba e o desenvolvimento de projetos sociais com focos no patrimônio da cidade, no desenvolvimento turístico da zona portuária e na implantação de oficinas de música e dança para o entretenimento dos visitantes. É claro que esses objetivos estavam estreitamente vinculados à presença constante de turistas e que benefícios traziam para a comunidade, além da implantação do projeto Favela-Bairro local. As outras iniciativas viriam posteriormente. É comparável a uma árvore de Natal, em que a partir dos enfeites colocados, vai-se definindo qual a sua finalidade, e os presentes, que em geral cercam a base da árvore, só aparecem no final. Na verdade, eu chamava de museu vivo, porque dependeria de um mecanismo de ação e reação, dos visitantes e dos moradores, que se construiria paulatinamente. No final das contas quem batizou de Museu a Céu Aberto foi a mídia.

MAS COMO FOI QUE DE FATO O PROJETO SE VIABILIZOU?

Lá por volta dos anos 70 a Associação Comercial do Rio de Janeiro já se preocupava com a revitalização e reestruturação do cais do porto. A prefeitura, através do IPP, vai assumir o projeto em 2001, quando surge a proposta de construção do Museu Guggenheim no píer da praça Mauá e a contratação do arquiteto Jean Nouvel que, falando de forma muito simplificada, valorizava as montanhas e a pluralidade de áreas verdes, com as instalações do museu debaixo d'água. Uma proposta sensacional e inovadora que seria, sem dúvidas, um indutor de desenvolvimento urbano e imobiliário do cais do porto. Daí eu pensei: "Se traçarmos uma diagonal ligando o Museu Guggenheim ao morro, teremos a antítese do partido arquitetônico de Jean Nouvel". Digo isso com a devida humildade, pois não há como se comparar com a genialidade daquele projeto.

E assim surgiu a ideia de uma Célula Urbana. O prédio do museu é o morro. Ou seja, uma belíssima construção de granito intermediada por pedreiras que se misturam com o casario e espaços verdes. Iluminadas à noite, elas se transformariam em belos painéis esculpidos em baixos e altos-relevos. Os três mirantes que depois foram construídos, com estrutura de ferro em balanço, são varandas que valorizam a belíssima vista que circunda o morro. Uma arquitetura impossível de ser criada pelos homens! Por uma série de fatores marcados por críticas, que não vou discutir aqui, e a alta repercussão na mídia, o projeto Guggenheim se tornou inviável. Inclusive politicamente.

Um dos três mirantes construídos no contexto do Museu a Céu Aberto, de onde se pode contemplar a vista da cidade

Um "trilho" no chão e placas indicam o caminho a ser percorrido pelo visitante do Museu

Lu Petersen: militância, favela e urbanismo

DE QUE MANEIRA O PROJETO SE ARTICULAVA AO FAVELA-BAIRRO?

Em 2003 o projeto Favela-Bairro já estava em andamento. Fizemos uma primeira visita à Providência, que foi um sucesso, apesar da chuva. Era a primeira vez que um prefeito aparecia por lá, as pessoas na rua... Foi uma excelente oportunidade para mostrar a proposta *in loco*. Ali o prefeito decidiu, para grande alegria nossa, que as obras do museu seriam realizadas com recursos da SMH.

O escritório de arquitetura contratado para o projeto propunha construir pequenos prédios e fazer uma rua que atravessava parte da favela. Procuramos o arquiteto José Candido, coordenador-geral de projetos da SMH e, junto com ele, foram surgindo ideias que deram uma nova conotação, muito simples, ao projeto Favela-Bairro. Os espaços públicos passaram a exercer uma função interativa com os equipamentos do museu, produzindo uma simbiose até então inexistente. Em função dos pontos históricos de visitação e da abertura de novas possibilidades de uso foram realizados, em sua maioria, as demolições e reassentamentos de moradores. A densidade da favela foi reduzida, inspirada na criação do pátio interno do Jacarezinho, melhorando em muito a aeração em toda a favela. Finalmente havíamos chegado à minha concepção do que deveria ser o partido urbanístico do programa Favela-Bairro, criando possibilidades de desenvolvimento urbano integrado das favelas aos bairros adjacentes, que não havíamos conseguido na Célula Urbana do Jacarezinho por causa da paralisação da obra e pela não realização do projeto geral.

O CONCEITO DE MUSEU A CÉU ABERTO NÃO É TÃO SIMPLES, NA VERDADE É BEM INOVADOR. COMO FAZER COM QUE AS PESSOAS COMPREENDAM A PROPOSTA?

Penso que a compreensão do projeto fica mais fácil se for descrito como um roteiro de visita ao corredor histórico-cultural, em que as edificações passam a funcionar como pontos de atividades e, ao mesmo tempo, como obras de arte expostas, com o piso especial cinza bem claro e uma guia pintada de azul ao longo do percurso, para que os visitantes não se percam entre os inúmeros becos e vielas.

116

Começando pela vertente do morro que dá acesso pelo morro do Livramento, com suas belas construções, um bairro de origem no século XIX, totalmente tombado pelo Patrimônio Histórico e Cultural, se chega a um ponto de encontro da vertente da favela que vem da Gamboa, e que sobe morro acima. A foto mais antiga que temos mostra poucas casas ao longo de uma rua de terra que termina em um espaço aberto. Ao fundo se vê uma escadaria, construída por escravos, que servia de acesso a uma quinta, onde foi construída uma capela em 1865, ampliada depois e que se transformou na igreja de Nossa Senhora da Penha. Em foto posterior vemos algumas casas ao longo da escadaria e a mesma pracinha, já construída, que foi batizada de praça Américo Brum. Foi transformada depois em quadra coberta, para usos diversos. É a partir dali que começa o roteiro de visita ao museu. Com a demolição de algumas casas visualiza-se a Cidade do Samba e parte do cais do porto. Na vertente mais baixa tinha uma área livre onde iniciamos o reflorestamento para a criação de um bosque acessível às pessoas.

Segundo informações obtidas, a primeira escola de samba, a Vizinha Faladeira, nasceu no morro, e promove até hoje ensaios na quadra coberta. Mas vamos lá, à história da Dodô da Portela, que vale a pena conhecer. Ela tem um acervo precioso. Reconhecida como musa do Carnaval, ela morava há 40 anos numa casa em frente à praça Brum, que, de tão velha, estava em risco de cair. Com a segunda visita do prefeito em 2004, conseguimos desapropriar uma outra casa praticamente vizinha, onde criamos o Museu da Dodô. Com a reforma total realizada, a residência dela ficou no andar térreo na ladeira do Barroso, com vista para a baía de Guanabara e o Pão de Açúcar. O primeiro andar, situado na ladeira do Faria, quase em frente à praça Américo Brum, virou um museu com decoração *kitsch* feita por ela, com móveis de estilo *chippendale*, manequins com fantasias de porta-bandeira, faixas de campeã, quadros, troféus os mais variados e fotos com personagens ilustres do país e de nossa cidade. Indiquei o Duca, que estava recém-formado em arquitetura, para assumir todos os pro-

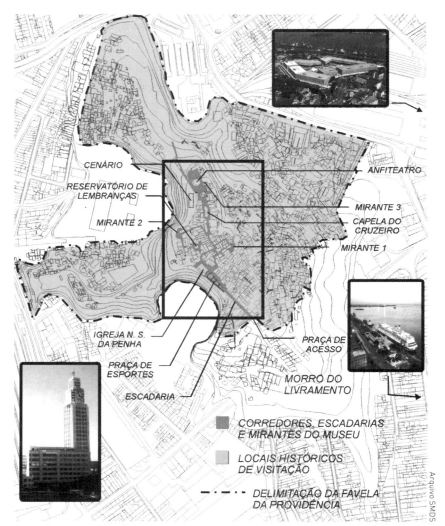

Mapa do Museu a Céu Aberto, no morro da Providência

jetos de restauração junto com uma restauradora competente contratada pela empreiteira de obra. Juntos eles assumiram a fiscalização de minuciosas obras de restauração com base nas fotos de época cedidas pelo Arquivo da Cidade do Rio de Janeiro.

Qual era o estado de conservação dessas edificações?

Um terço da escada era de bloco de granito e foi mantido. O resto foi reformado com placas de granito, manutenção do corrimão original e inclusão de luminárias baixas. De noite ela fica linda. Em seu topo se chega a uma praça, que foi projetada em função da época histórica da igreja, que foi toda restaurada. Uma cruz de madeira colocada em frente à igreja e jardineiras com palmeiras plantadas lembram as tradicionais igrejas mineiras. O alto muro lateral foi substituído por grades de ferro. Essa praça hoje pode ser usada para feiras, quermesses, festas etc. A restauração do Reservatório das Lembranças, construído em 1910, importante por fornecer água para a zona portuária, foi mais complicada. Por se tratar de uma edificação em forma octogonal, foi preciso refazer todo o madeiramento do telhado, que foi coberto com telhas de cerâmica recuperadas de obras antigas. Todos os afrescos em cimento foram restaurados, assim como as rosáceas de ferro fundido trabalhado. Algumas casas do entorno foram demolidas para abrir uma pequena praça. Os azulejos dos pisos e das muretas do poço foram mantidos. Esse espaço será o ponto central de informações sobre a favela e projeção de vídeos, distribuição de prospectos e realização de pequenos eventos. A capela do Cruzeiro foi construída em homenagem a Canudos, em fins do século XIX, por soldados retornados da guerra que chegaram acompanhados de mulheres e crianças originárias da comunidade criada por Antonio Conselheiro. Aliás, essa capela representa um dos marcos de início de ocupação da favela do morro da Providência. Também foi totalmente restaurada, incluindo o belo altar. Tem uma senhora que mora ali perto e que cuida dela. Esse caminho é entremeado por três belos mirantes com estrutura metálica e piso de madeira. Na parte superior da vertente da Gamboa, foram abertos espaços livres onde já existe um *playground* perto da capela do Cruzeiro, três terraços para outras atividades futuras e, mais abaixo, um mirante com um bar.

Como é que se cria a interatividade favela, cidade e mundo

O terreno em frente ao morro é de grande valor histórico porque ali foi construído o terminal ferroviário, no século XVIII, que se interliga-

A escadaria do século XIX e a Igreja de N. S. da Penha foram recuperadas nos marcos do Museu a Céu Aberto

va ao cais do porto, um fator importante para o desenvolvimento econômico do país. As ruínas da bela construção ainda estão lá, onde foi instalada a Vila Olímpica da Gamboa inaugurada em 2004 e que, além de contratar moradores, fornece opções de prática de esportes, com equipamentos de alta qualidade, para crianças, jovens e deficientes físicos. Do outro lado da rua Visconde da Gamboa, no sopé do morro, tem o projeto Cozinheiras Comunitárias, no térreo da associação de moradores, que através de uma longa área urbanizada vai dar em um pequeno prédio onde funciona o Café Internet. Um pouco mais adiante fica a Cidade do Samba, em frente à creche Tia Dora. Estamos estudando a possibilidade de construir um acesso ao morro a partir daquela primeira ideia do Vidigal, que era um teleférico. Nesse caso é mais viável implantar um plano inclinado que sai do conjunto residencial dos marítimos e passa pelo topo do morro, finalizando na praça Brum. Mas isso só poderá acontecer quando o museu for viabilizado.

E HOUVE ALGUM MOMENTO EM QUE O PROJETO DO MUSEU FOI DISCUTIDO COM A ASSOCIAÇÃO, COM OS MORADORES?

A implantação das obras do Favela-Bairro já era, por si só, um sucesso pela aceitação positiva dos moradores. Mas quanto ao museu, tivemos dificuldades porque a associação de moradores lá é fraca. Não há eleições há 20 anos e os presidentes são indicados. O Manuel Gama, ex-presidente atualmente afastado do cargo, que conhece bem a história do morro e da zona portuária, nos apoiou, mas não é representativo da comunidade, [nos apoiou também] a secretária dele, a Iassanã (mais conhecida por Saru), nascida lá e neta da senhora que deu a nome à creche, a Tia Dora, que era parteira e muito respeitada por todos.

Justamente porque há poucos moradores, imagina-se que seria mais fácil discutir com o coletivo a ideia...

É o velho ditado: tamanho não é documento. Existem favelas pequenas que possuem lideranças fortes onde predomina a solidariedade na convivência diária, mas é muito relativo. O grande problema é a falta de pessoas que se interessem em trabalhar junto. Nesse caso tivemos que optar por outras formas mais criativas de disseminação do projeto, intensificando as visitas locais por grupos de universidades brasileiras e europeias, jornalistas e pessoas em geral buscando disseminar o projeto em todos os níveis.

Mas como foi a entrada dos urbanistas? Vocês falaram com os antigos moradores?

As novidades correm muito rapidamente nas favelas. A presença de pessoas estranhas ao ninho desperta a curiosidade geral. É o conhecido boca a boca. Conhecemos logo o fotógrafo Maurício Hora e o Eron, que tem um grupo de capoeira para jovens e é também o responsável pela igreja.

Casas foram removidas para viabilizar a construção de áreas de lazer

Ambos sabem muito sobre o passado da área e foram interlocutores.

Na mesma época recebi o telefonema do diretor do Instituto de Estudos de Desenvolvimento Social da Sorbonne, perguntando se eu poderia receber a Julie Métais, antropóloga, que ia fazer um estágio em Cabo Frio, e não aconteceu. Ela falava espanhol meio arrevesado, um pouco de português; mas muito bonitinha, simpática e inteligente. Pedi ao

Dietmar para estruturar junto com ela uma pesquisa de campo sobre moradia, histórias, cultura, priorizando as entrevistas com as pessoas mais velhas. E lá foi ela, muitas vezes sozinha, e fez um levantamento superinteressante. Fez um levantamento da tipologia das casas. Ainda permanecem lá dentro casas de madeira e outras que mantêm algumas características dos tempos dos barracos. Ela gravou depoimentos de pessoas idosas e também de seus filhos e netos — todos confirmaram as possibilidades de um museu bem diferente daquele da favela Maré.

Bem, então vamos fazer um paralelo com o Museu da Maré. O Museu da Maré talvez possa ser pensado como um museu para dentro, para os moradores, e o da Providência seria um museu para fora, para os turistas, para a visitação externa, para esse contágio de que você fala entre cidade e favela. Os dois museus têm públicos distintos, mas não necessariamente excludentes. É isso?

Nossa, esse tema é polêmico! Essa história de contrapor o Museu da Maré ao da Providência deu um ti-ti-ti na internet, lembra? Visitei a Maré e a Eliana[15] dizia: "Mas nós temos dificuldades, temos falta de tudo..." Eu respondia: "Não se preocupem. Vocês definiram a coluna dorsal do que é esse museu, que aborda pontos comuns da Maré com as palafitas de outras favelas, com a questão nordestina, com a questão do medo".

Visitantes de dentro da favela eles têm. Mas fico na dúvida se atrairá outros moradores da cidade do Rio de Janeiro porque não tem outros atrativos, como uma lindíssima vista da baía de Guanabara, como tem a Providência. Não tem um mirante com um barzinho, que dá para tomar uma cerveja, jogar uma sinuca. Mas a Maré tem os instrumentos do

---

[15] Eliana Souza e Silva foi uma das criadoras do Centro de Estudos e Ações Solidárias da Maré (Ceasm), em 1997. Atualmente é técnica em assuntos educacionais na Universidade Federal do Rio de Janeiro (UFRJ).

Ceasm,[16] um centro comunitário forte, criado pela Eliana e o Jailson,[17] que têm ótimas relações com o governo federal, o Ibase, o peso internacional do Partido dos Trabalhadores etc. Talvez essa seja uma saída para a atração de turistas de fora da favela. Mas, de fato, o grau de abrangência é muito diferente. O Museu da Providência nos coloca o desafio sobre a possibilidade de se contribuir para o desenvolvimento urbano e suas consequências em uma favela onde dois marcos históricos de cidade precedem ao seu processo de ocupação. Vocês hão de convir que estamos criando um núcleo, que vai se ampliar, com uma característica rara em favelas. Como atrair os brasileiros e estrangeiros, como viabilizar as condições de visitas turísticas e como é que se cria a interatividade favela, cidade e mundo. Então veja bem que os conceitos são totalmente diferentes.

VOCÊ ACHA QUE OS MORADORES DA PROVIDÊNCIA E A POPULAÇÃO CARIOCA, EM GERAL, REALMENTE COMPREENDEM A PROPOSTA DO MUSEU?

Muita gente entende o que significa o museu. Estamos iniciando uma parceria com a Secretaria de Assistência Social com o projeto Agente Jovem no morro da Providencia, temático em turismo, sob coordenação da Bianca. Os objetivos principais são ampliar o conhecimento sobre turismo cultural e não apenas entretenimentos, gerar novas possibilidades de emprego e dar informações sobre cidadania. Visitação dirigida por um professor-guia a centros culturais, pesquisas em bibliotecas e no Arquivo Geral da Cidade. As integrações do projeto Agente Jovem Temático serão efetivadas com o Café Internet e uma produtora de filmes. Todos os jovens encaminhados para fazer parte dos projetos terão que

---

[16] O Centro de Estudos e Ações Solidárias da Maré é uma associação civil, sem fins lucrativos, criada em 15 de agosto de 1997. O Ceasm é dirigido por moradores e ex-moradores do bairro da Maré, que possui um total de 130 mil habitantes, na Zona Norte da cidade do Rio de Janeiro. Ver <www. ceasm.org.br>.

[17] Jailson de Souza e Silva foi criador e é atualmente diretor de Projetos do Ceasm. Além disso, foi fundador do Observatório de Favelas, de que é, hoje em dia, coordenador-geral. É também associado ao Instituto de Estudos do Trabalho e Sociedade (Iets).

atender alguns requisitos, porque serão direcionados para novas possibilidades na área microempresarial e receberão uma pequena ajuda de custo. Sendo o museu a própria favela, a sobrevivência dele depende também dos moradores para que seja transformado em um espaço cultural pertencente à cidade como um todo.

Muitos técnicos da prefeitura entendem a proposta, mas, hoje, eu não posso dizer que tenha provocado uma sensibilização do universo do poder municipal. Posso lhes garantir que o prefeito entende muito bem e valoriza ao máximo o projeto. Aliás, se tem algo a que ele sempre deu todo apoio foi para as duas células urbanas. Penso que é porque o projeto experimental Célula Urbana, em certo sentido, converge para a política de desenvolvimento urbano da prefeitura, ao se inserir no pensamento da cidade como um todo.

O Rio de Janeiro tem tradição e riqueza infinita na construção de marcos indutores de desenvolvimento urbano. No centro da cidade, por exemplo, temos a reestruturação da praça XV, o corredor histórico e outros, que revitalizam marcos históricos pré-existentes. No morro da

Com estrutura de ferro e madeira, mirantes possibilitam a apreensão da vista da cidade

Providência conseguimos uma solução semelhante, ao restaurar edificações representativas da história da cidade integradas a toda a infraestrutura urbana construída. Já na Zona Norte, a pré-seleção da área do estádio do Engenhão prevê a transformação da mesma em um marco de apoio à capacidade de transformação da área, criação de nova legislação em área de especial interesse urbano e o incremento nos investimentos imobiliários. A proposta do Jacarezinho se transformou de forma inesperada em um marco referencial de cidade naquela favela, articulado com atividades que se desenvolvem no local. Possivelmente, o projeto Favela-Bairro possa retornar como prioridade porque, ao final, seria efetivada a regularização urbana e fundiária, possibilitando a titulação dos imóveis. E aí sim, poderemos dizer que essas experiências contribuíram para um grande avanço nos conceitos e metodologias a serem adotadas. Talvez sejam retomadas, diversificadas em novas ideias que integrem, de fato, as favelas à cidade.

"Eu sou otimista e romântica nas minhas ideias, sempre muito complicadas de se tornarem realidade. Mas, coincidência ou não, algumas coisas importantes têm dado certo!"

VOCÊ DIZ QUE ESTÁ CRIANDO UM NÚCLEO QUE DEPOIS IRÁ SE AMPLIAR. O QUE É QUE VOCÊ ESTÁ PENSANDO PARA DEPOIS? QUAIS SÃO AS SUAS EXPECTATIVAS?

Acho até interessante vocês estarem me arrancando essas respostas...

A Cidade do Samba vem se constituindo em um centro temático de Carnaval. Eu não tenho a mínima dúvida do sucesso internacional que terá. Se dermos sorte ela pode funcionar como o principal indutor de visitas ao Museu da Providência. A Cidade do Samba não pode se dar ao luxo de ter tiroteio vindo do morro. Tem show com música, dança, serviço de bar com salgadinho, pizza, visitas turísticas durante o dia... Mas, em se tratando da Liga das Escolas de Samba, é evidente que eles

Lu Petersen: militância, favela e urbanismo

têm seus próprios instrumentos de garantia da segurança no local. Por várias experiências anteriores — na Mangueira, Salgueiro, Serrinha e outras —, eu não acredito em parcerias com escolas de samba. A relação delas com as favelas são pontuais, em épocas específicas do ano. À exceção da Beija-Flor, que se inter-relaciona com o município de Nilópolis. Mas a Secretaria de Turismo já fechou apoio para intermediar as negociações com eles. Na realidade o papel da prefeitura é só dar o pontapé inicial para que as coisas aconteçam e que as iniciativas venham a ser implementadas, independentemente das ações futuras do poder público.

A viabilidade do museu depende de fatores externos e de alta complexidade, que são as condições de segurança, imprescindível em qualquer ponto turístico do mundo. Eu sou otimista e romântica nas minhas ideias, sempre muito complicadas de se tornarem realidade... Mas, coincidência ou não, algumas coisas importantes têm dado certo! Até o momento temos instrumentos muito precários para consolidar os objetivos que foram pré-determinados.

Com relação à visitação em favela, temos o exemplo bem-sucedido da Rocinha. Mas o que acontece é que o atrativo da Rocinha é a favela pela favela, é a vista pela vista. O turista não interage com os moradores. Eu vi o nascimento da Rocinha. É uma favela inserida num contexto diferente, porque está no coração da Zona Sul. E por isso mesmo acende os interesses de manipulação, de tráfico, de turista etc. e tal.

Em qualquer favela, a gente tem que enfrentar o problema da violência. O meu conhecimento é empírico, em função de vir acompanhando o desenrolar dessas relações contraditórias de causa e efeito *in loco* há mais de 20 anos. Infelizmente, a política de segurança simplifica-se com mitos, modismos e suposições.

ENTÃO, PODEMOS DIZER QUE O GRANDE DESAFIO DA CONVERSÃO DA PROVIDÊNCIA EM ATRAÇÃO TURÍSTICA É O DA SEGURANÇA?

Claro. Se não temos com quem dialogar, não temos apoio algum, o que fazer? Cada vez que eu vou levar um grupo de mais de 10 pessoas, eu mando um ofício para o comandante do 6º Batalhão da Polícia Militar, que depois de uma reunião conjunta comigo concordou em enviar cópias para o Batalhão de Operações Especiais (o Bope, da PM) e para a Coordenadoria de Recursos Especiais (a Core, da Polícia Civil). Até o momento não tivemos problemas. Mas estabelecer cronogramas de visitação ainda é difícil, e o ideal seria ter liberdade total de acesso. No Jacarezinho, quem busca contornar esse tipo de problema é a associação de moradores. Mas quando se trata de operações com enfrentamentos, as consequências acabam sobrando para todas as favelas. São fatos que trazem sérios prejuízos, inclusive para a prefeitura.

Dez dias antes de inaugurar o museu em 2005, saiu uma confusão e a capela, branquinha, toda arrumadinha é atingida, num momento em que a população estava com o astral lá em cima, a questão da autoestima. Tínhamos o apoio da empreiteira que ainda estava concluindo as obras e fez a recuperação rapidamente. Poucos dias depois foi a vez da casa Museu da Dodô. Eu escrevi uma carta para o Secretário de Segurança Pública, dizendo que ali dentro tinha pontos de visitação pública que não são apenas da favela, são elementos do patrimônio histórico da cidade e do povo do Rio de Janeiro; é um local que tem que ter fácil acesso para quem quiser entrar e sair. Lá estão as pedreiras que construíram o cais, que construíram a avenida Rio Branco. É uma memória de determinadas situações de desenvolvimento do cais do porto, desenvolvimento da cidade, não é? Para os moradores aquilo era uma tristeza, a reclamação era geral: "Agora que a comunidade ficou tão bonita depois de tantos anos, eles vêm destruir tudo!"

E quando a gente diz "bom, acalmou", porque o secretário de segurança está a par (mandei uma cápsula deflagrada, para mostrar que tipo de bala tinha lá), entra o Exército brasileiro em uma missão de ocupação, de treinamento de segurança para os Jogos Pan-Americanos em 2007. E me faz um estrago muito maior! Transformou a cúpula da capela numa peneira, como o altar foi arrancado em busca de armas e drogas. Conseguimos refazer, mais uma vez, com a ajuda da equipe da SMO. Como se não bastasse, arrebentaram quarenta caixas d'água com armas de grosso calibre, destruindo uma das coisas mais impor-

A vista "para dentro" da favela a partir de um dos mirantes

tantes para o morador, porque a água só chega ao morro três vezes por semana. Calcula o desespero dessas famílias. Ainda sobrou um tiro na fachada principal da igreja de Nossa Senhora da Penha.

Sabe o que é o tráfico da Providência? É um bando de garotada, tudo drogado e não tem controle porque o ex-chefe está preso. Aquilo ali é um bando de malucos. A primeira coisa que eles fizeram foi receber o Exército com uma bomba caseira. Depois mandaram bala na viatura da polícia. Não tem ninguém que segure aquela turma. Uns garotos pobres que se drogam, andam malvestidos e com chinelos Havaiana.

Eu me sinto assim como na ditadura, parece que clandestinos somos nós, porque tudo acontece à revelia da população, e as informações que saem na mídia ou são sensacionalistas ou são versões truncadas dadas pelos serviços de segurança.

O Museu a Céu Aberto

Eu espero que surja alguma solução. Talvez possa ser a presença do Grupamento de Policiamento em Áreas Especiais (o Gpae, da PM), que passará a ser um órgão centralizado que comanda o local e pede auxílio aos outros órgãos em situações muito especiais, mas que tem por objetivo se fixar na favela e desenvolver projetos sociais com a comunidade. Mas, no final das contas, tudo dependerá da linha que será adotada pelo próximo governador do estado. Poderá melhorar muito ou piorar a ponto de inviabilizar o projeto por um tempo.

Nesses últimos anos você passou a fazer parte da assessoria especial do prefeito, uma assessoria com função de formulação teórica e executiva. Conte um pouco sobre essa experiência.
Trabalhar como assessora especial do Cesar Maia durante esses seis anos foi o momento profissional mais importante de minha vida. Cabe aqui destacar um instrumento muito rico e fundamental de socialização de sua estrutura de gestão municipal. Estou falando das reuniões mensais de secretariado, que são antológicas. Nesses encontros recebemos e debatemos informações de todo tipo: história, cultura, política, andamento de programas e projetos, o que muito nos ajudou a abrir os horizontes para o mundo e a visão de macrodesenvolvimento da cidade.

No caso da assessoria batizada por ele de Célula Urbana, foi estabelecida pela primeira vez uma relação baseada principalmente na relação de confiança profissional. Tivemos liberdade de formulação, desenvolvimento e implantação de programas, conceitos e metodologias que terminaram por se constituir em uma célula de atividades múltiplas. Esse processo, que já dura seis anos, foi bastante trabalhoso e renderia, por si só, um livro inteiro. Dessa forma vamos ao "resumidíssimo" relato.

Penso que é importante destacar primeiramente o núcleo de intercâmbio e cooperação técnica iniciado em 2001. A partir da realização de um workshop que enfocava o polo de desenvolvimento da área portuária e propostas de intervenções no entorno do morro da Providencia, formatamos um plano de trabalho. O ponto de partida foram as concepções que havíamos definido previamente na nossa equipe, com a Architectural

129

Association da Universidade de Londres e o Prourb/UFRJ, para a implantação do museu vivo da favela. Embora não tenha havido continuidade, considero que esse foi o primeiro passo para a concretização da Célula Urbana do Museu da Providência.

Estruturamos o convênio e um plano de trabalho com a Fundação Bauhaus Dessau, determinando a definição de funções, metas, custos e uma estrutura multifuncional para a implantação do projeto, definindo parcerias e competências com a RioUrbe, Rio Águas e Diretoria de Conservação da SMO, RioLuz, Light e SuperVia. Assumimos também a gestão do convênio do Escritório Regional para a América Latina e Caribe do Habitat das Nações Unidas cuja sede é no Rio de Janeiro. Durante esses anos todos estabelecemos planos de trabalhos diversos, uma exigência que incluí no convênio: com a SMH para desenvolvimento de conceitos e metodologias de regularização fundiária e titulação através do grupo de trabalho e-Solo, segurança pública com a Guarda Municipal, e pesquisas diversas com o IPP. Com a contratação da ONG Novo Horizonte foi possível aprofundar os métodos e sistema de avaliação e monitoramento qualitativo e quantitativo de atividades.

Iniciamos o núcleo de propaganda e marketing com sistemas muito artesanais, usando transparências, confeccionando *books*, evoluindo para *power points* e CDs artesanais com animação ou não. Posteriormente passamos a receber o apoio da Secretaria Especial de Propaganda para todos os tipos de materiais e, finalmente, pudemos fazer dois importantes DVDs, da Providência e do Jacarezinho, com legendas em espanhol e inglês. Em fins de 2003, por iniciativa do prefeito, a Secretaria de Comunicação editou e lançou o livro *Das remoções à Célula Urbana. Evolução social das favelas do Rio de Janeiro*, traduzido para o inglês. Nesse livro, eu relato a proposta da Célula Urbana ainda em fase teórica.

Todas essas iniciativas nos permitiram adquirir um conjunto de conhecimentos e de formulações que vão reproduzir a base da trilogia Mutirão Remunerado, Favela-Bairro e Célula Urbana, um processo evolutivo que se inicia em 1984 dando uma virada para o século XXI.

Desde 2001 foi possível socializar essas práticas através de palestras, participação em seminários e consultorias, que realizei no Brasil e em países da África, Europa e das Américas. E posso dizer, com toda a segurança, que esse rico período de boas práticas para a redução da pobreza foi bem-difundido em nível mundial.

Dessa forma, cada um dos cinco participantes de minha equipe foi assumindo competências as mais diversas, em situações muitas vezes não muito favoráveis. Posso dizer, sem medo de críticas, que foi construído um processo dialético do saber. Tudo isso me faz lembrar do Mutirão Remunerado. Embora não tenhamos concretizado ainda tudo que propusemos, cabe aqui voltar, com humor, aos primórdios do Mutirão para dizer: "Essa maluquice de estrutura de gestão funciona!"

Este livro foi composto em Clarendon e Sabon. Foi impresso
em papel offset 90g nas oficinas da gráfica Armazém das
Letras, em setembro de 2009, 30 anos depois da sanção da
Lei da Anistia, que trouxe Lu Petersen de volta ao Brasil.